CB126575

DOCUMENTOS DO MAGISTÉRIO

LEÃO XIV

Exortação Apostólica

Dilexi te

Eu te amei

do Santo Padre
sobre o amor
para com os pobres

DOCUMENTOS DO MAGISTÉRIO

Edições Loyola

Título original:
Esortazione Apostolica Dilexi Te
del Santo Padre Leone XIV sull'amore verso i poveri

© dos textos originais, 2025:
Amministrazione del Patrimonio della Santa Sede Apostolica;
Dicastero per la Comunicazione – Libreria Editrice Vaticana

© da tradução em português para o Brasil, 2025:
Conferência Nacional dos Bispos do Brasil

Preparação e revisão:
João Vítor Gonzaga Moura
Vinícius Caetano
Maria Isabel Ferreira
Gabriel Neves da Cruz
Bruna Giusti Rocha Borges

As citações bíblicas desta obra foram transcritas da
Bíblia Sagrada – Tradução Oficial da CNBB, 6ª edição – 2022.

Diretor geral: Eliomar Ribeiro, SJ
Editor: Gabriel Frade

Capa e diagramação: Ronaldo Hideo Inoue

Edições Loyola

Rua 1822 nº 341, Ipiranga
04216-000 São Paulo, SP
T 55 11 3385 8500/8501, 2063 4275
editorial@loyola.com.br, **vendas**@loyola.com.br
loyola.com.br, **@edicoesloyola**

Todos os direitos reservados. Nenhuma parte desta obra pode ser reproduzida ou transmitida por qualquer forma e/ou quaisquer meios (eletrônico ou mecânico, incluindo fotocópia e gravação) ou arquivada em qualquer sistema ou banco de dados sem permissão escrita da Editora.

ISBN 978-65-5504-491-1

© EDIÇÕES LOYOLA, São Paulo, Brasil, 2025

111660

Sumário

Lista de siglas

CA	*Centesimus Annus*
ChV	*Christus Vivit*
CV	*Caritas in Veritate*
DAP	Documento de Aparecida
DMd	Documento de Medellín
DN	*Dilexit nos*
EG	*Evangelii Gaudium*
FT	*Fratelli Tutti*
GeE	*Gaudete et Exsultate*
GS	*Gaudium et Spes*
IP	*Iuvenum Patris*
LE	*Laborem Exercens*
LG	*Lumen Gentium*
LS	*Laudato Si'*
NMI	*Novo Millennio Ineunte*
PP	*Populorum Progressio*
SIA	*Superiore Iam Aetate*
SRS	*Sollicitudo Rei Socialis*

1 **"Eu te amei"** (Ap 3,9), diz o Senhor a uma comunidade cristã que, ao contrário de outras, não tinha qualquer relevância ou recurso e estava exposta à violência e ao desprezo: "tua força é pequena [...]. Farei que venham prostar-se diante de teus pés" (Ap 3,8-9). Este texto recorda as palavras do cântico de Maria: "Depôs os poderosos de seus tronos e exaltou os de condição humilde. Encheu de bens os famintos e despediu os ricos sem nada" (Lc 1,52-53).

2 A declaração de amor do Apocalipse remete ao mistério insondável que foi aprofundado pelo Papa Francisco na Encíclica *Dilexit nos* sobre o amor humano e divino do Coração de Jesus. Nela, admiramos o modo como Jesus se identifica "com os últimos da sociedade" e como, através do seu amor doado até ao fim, mostra a dignidade de cada ser humano, sobretudo quando é "mais fraco, mísero e sofredor" (cf. DN, n. 170). Contemplar o amor de Cristo nos ajuda "a prestar mais atenção ao sofrimento e às necessidades dos outros, e torna-nos suficientemente fortes para participar na sua obra de libertação, como instrumentos de difusão do seu amor" (DN, n. 171).

3 Por essa razão, em continuidade com a Encíclica *Dilexit nos*, o Papa Francisco, nos últimos meses da sua vida, estava preparando uma Exortação Apostólica sobre o cuidado da Igreja pelos pobres e com os pobres intitulada *Dilexi te*, como se imaginasse

Cristo se dirigindo a cada um deles e dizendo: tens pouca força, pouco poder, mas "eu te amei" (Ap 3,9). Ao receber como herança este projeto, sinto-me feliz em assumi-lo como meu — acrescentando algumas reflexões — e em apresentá-lo no início do meu pontificado, partilhando o desejo do meu amado Predecessor de que todos os cristãos possam perceber a forte ligação existente entre o amor de Cristo e o seu chamamento a nos tornarmos próximos dos pobres. Na verdade, também eu considero necessário insistir neste caminho de santificação, porque no "apelo a reconhecê-lo [o Cristo] nos pobres e atribulados, revela-se o próprio coração de Cristo, os seus sentimentos e as suas opções mais profundas, com os quais se procura configurar todo o santo" (GeE, n. 96).

Capítulo I

Algumas palavras indispensáveis

4 Os discípulos de Jesus criticaram a mulher que derramou um perfume muito precioso sobre sua cabeça: "Para que esse desperdício?" — diziam eles — "Este bálsamo poderia ter sido vendido por um bom preço, para dar aos pobres". Mas o Senhor lhes disse: "Os pobres sempre tendes convosco, mas a mim não tereis sempre" (Mt 26,8-9.11). Aquela mulher compreendera que Jesus era o Messias humilde e sofredor sobre o qual derramar o seu amor: quanto consolo o daquele unguento sobre a cabeça que, dali a poucos dias, seria atormentada pelos espinhos! Era um gesto pequeno, mas quem sofre sabe o quanto é grande mesmo um pequeno sinal de afeto e quanto alívio pode trazer. Jesus compreende isso e confirma a sua perenidade: "onde for proclamado este Evangelho, no mundo inteiro, será mencionado também, em sua memória, o que ela fez" (Mt 26,13). A simplicidade daquele gesto revela algo grandioso. Nenhuma expressão de carinho, nem mesmo a menor delas, será esquecida, especialmente se dirigida a quem se encontra na dor, sozinho, necessitado, como estava o Senhor naquela hora.

5 É precisamente nesta perspectiva que o afeto pelo Senhor se une ao afeto pelos pobres. Aquele Jesus que diz "Os pobres sempre tendes convosco" (Mt 26,11), expressa igual sentido quando promete aos discípulos: "Eis que estou convosco todos os dias, até o fim dos tempos" (Mt 28,20). Ao mesmo tempo, vêm-nos à mente aquelas palavras do Senhor: "todas as vezes que fizestes isso a um destes pequeninos que são meus irmãos, foi a mim que o fizestes"

(cf. Mt 25,40). Não estamos no horizonte da beneficência, mas no da Revelação: o contato com quem não tem poder nem grandeza é um modo fundamental de encontro com o Senhor da história. Nos pobres, Ele ainda tem algo a nos dizer.

São Francisco

6 O Papa Francisco, ao recordar a escolha do próprio nome, contou que, após a sua eleição, um Cardeal amigo abraçou-o, beijou-o e disse-lhe: "Não te esqueças dos pobres!".[1] Trata-se da mesma recomendação feita pelas autoridades da Igreja a São Paulo quando ele subiu a Jerusalém para verificar a sua missão (cf. Gl 2,1-10). O Apóstolo pôde afirmar anos mais tarde: "isso procurei fazer sempre, com toda a solicitude" (Gl 2,10). Trata-se também da escolha de São Francisco de Assis: no leproso, foi o próprio Cristo que o abraçou, transformando a sua vida. A figura luminosa do *Poverello* jamais deixará de nos inspirar.

7 Há oito séculos, foi ele quem provocou um renascimento evangélico nos cristãos e na sociedade do seu tempo. O jovem Francisco, anteriormente rico e presunçoso, renasceu a partir do choque com a realidade daqueles que são expulsos da convivência. O impulso dado por ele não cessa de mover seja os corações dos fiéis, seja os de muitos que não creem, e "mudou a história".[2] Pelas palavras de São Paulo VI, o próprio Concílio Vaticano II segue nessa direção: "Aquela antiga história do bom samaritano foi exemplo e norma segundo os quais se orientou o nosso Concílio".[3] Estou convencido de que a opção preferencial pelos pobres gera uma renovação extraordinária tanto na Igreja como na sociedade quando somos capazes de nos libertar da autorreferencialidade e conseguimos ouvir o seu clamor.

1. Francisco, *Encontro com os representantes dos meios de comunicação social*, 16 de março de 2013.

2. J. Bergoglio; A. Skorka, *Sobre el cielo y la tierra*, 214.

3. São Paulo VI, *Discurso na última sessão pública do Concílio Vaticano II*, 7 de dezembro de 1965.

O clamor dos pobres

8 A propósito, na Sagrada Escritura há um texto que deve ser tomado sempre como ponto de partida. Trata-se da revelação de Deus a Moisés junto à sarça ardente: "Eu vi a humilhação de meu povo no Egito e ouvi seu clamor por causa da dureza dos feitores. Sim, eu conheço seu sofrimento. Desci para livrá-los [...] Agora, vai! Eu te envio" (Ex 3,7-8.10; cf. EG, n. 187). Deus se mostra solícito para com as necessidades dos pobres: "Então, os israelitas clamaram ao Senhor, e o Senhor suscitou para eles um salvador" (Jz 3,15). Portanto, ao ouvir o clamor do pobre, somos chamados a identificar-nos com o coração de Deus, que está atento às necessidades dos seus filhos, especialmente dos mais necessitados. Se permanecêssemos, porém, indiferentes a esse clamor, o pobre clamaria ao Senhor contra nós e isso se tornaria para nós um pecado (cf. Dt 15,9); e, desse modo, nós nos afastaríamos do próprio coração de Deus.

9 A condição dos pobres representa um grito que, na história da humanidade, interpela constantemente a nossa vida, as nossas sociedades, os sistemas políticos e econômicos e, sobretudo, a Igreja. No rosto ferido dos pobres, encontramos impresso o sofrimento dos inocentes e, portanto, o próprio sofrimento de Cristo. Ao mesmo tempo, deveríamos falar, e talvez de modo mais acertado, dos inúmeros rostos dos pobres e da pobreza, uma vez que se trata de um fenômeno multifacetado; na verdade, existem muitas formas de pobreza: a daqueles que não têm meios de subsistência material, a pobreza de quem é marginalizado socialmente e não possui instrumentos para dar voz à sua dignidade e capacidades, a pobreza moral e espiritual, a pobreza cultural, aquela de quem se encontra em condições de fraqueza ou fragilidade — seja pessoal, seja social —, a pobreza de quem não tem direitos, nem lugar, nem liberdade.

10 Nesse sentido, pode-se dizer que o compromisso em favor dos pobres e pela erradicação das causas sociais e estruturais da pobreza, embora tenha adquirido importância nas últimas décadas, ainda continua insuficiente; até porque as sociedades em que vivemos privilegiam, com frequência, linhas políticas e padrões

de vida marcados por numerosas desigualdades e, por isso, às antigas formas de pobreza que evidenciamos e se procuram combater, acrescentam-se outras novas, por vezes mais sutis e perigosas. Desse ponto de vista, é louvável que as Nações Unidas tenham colocado a erradicação da pobreza como um dos objetivos do Milênio.

11 Ao compromisso concreto com os pobres é preciso associar também uma mudança de mentalidades que tenha incidências culturais. Efetivamente, a ilusão de uma felicidade que deriva de uma vida confortável leva muitas pessoas a ter uma visão da existência centrada na acumulação de riquezas e no sucesso social a todo custo, a ser alcançado ainda que explorando os outros e aproveitando ideais sociais e sistemas político-econômicos injustos, favoráveis aos mais fortes. Assim, em um mundo onde os pobres são cada vez mais numerosos, vemos paradoxalmente crescer algumas elites ricas, que vivem em uma bolha de condições demasiado confortáveis e luxuosas, quase em um mundo à parte em relação às pessoas comuns. Isso significa que persiste — por vezes bem disfarçada — uma cultura que descarta os outros sem sequer perceber, tolerando com indiferença que milhões de pessoas morram de fome ou sobrevivam em condições indignas ao ser humano. Alguns anos atrás, a foto de uma criança de bruços, sem vida, em uma praia do Mediterrâneo provocou grande choque; infelizmente, com exceção de alguma comoção momentânea, acontecimentos semelhantes estão se tornando cada vez mais irrelevantes, como se fossem notícias secundárias.

12 Não devemos baixar a guarda diante da pobreza. Preocupam-nos, de modo particular, as graves condições em que vivem muitíssimas pessoas, devido à escassez de alimentos e água potável. Todos os dias morrem milhares de pessoas por causas relacionadas à desnutrição. Mesmo nos países ricos, as estimativas relativas ao número de pobres não são menos preocupantes. Na Europa, há cada vez mais famílias que não conseguem se sustentar por um mês inteiro. Em geral, nota-se que as diferentes manifestações da pobreza aumentaram. Ela já não se apresenta como uma condição única e homogênea, mas se manifesta em múltiplas formas de empobrecimento econômico e social, refletindo o

fenômeno de crescentes desigualdades, mesmo em contextos geralmente prósperos. Recordemos que "duplamente pobres são as mulheres que padecem situações de exclusão, maus-tratos e violência, porque frequentemente têm menores possibilidades de defender os seus direitos. E, todavia, também entre elas, encontramos continuamente os mais admiráveis gestos de heroísmo cotidiano na defesa e cuidado da fragilidade das suas famílias" (EG, n. 212). Embora em alguns países se observem mudanças importantes, "a organização das sociedades em todo o mundo ainda está longe de refletir com clareza que as mulheres têm exatamente a mesma dignidade e idênticos direitos que os homens. As palavras dizem uma coisa, mas as decisões e a realidade gritam outra" (FT, n. 23), especialmente se pensarmos nas mulheres mais pobres.

Preconceitos ideológicos

13 Para além dos dados — que por vezes são "interpretados" para convencer de que a situação dos pobres não é tão grave assim —, o quadro geral é bastante claro: "Há regras econômicas que foram eficazes para o progresso, mas não para o desenvolvimento humano integral. Aumentou a riqueza, mas não a equidade; e, assim, nascem novas pobrezas. Quando dizem que o mundo moderno reduziu a pobreza, fazem-no medindo-a com critérios de outros tempos, não comparáveis à realidade atual. Isso porque, em outros tempos, por exemplo, não ter acesso à energia elétrica não era considerado um sinal de pobreza, nem causava grave incômodo. A pobreza sempre se analisa e se compreende no contexto das possibilidades reais de um momento histórico concreto" (FT, n. 21). Todavia, para além das situações específicas e conjunturais, em um documento da União Europeia de 1984, afirmava-se: "consideram-se pessoas pobres os indivíduos, as famílias e os grupos de pessoas cujos recursos (materiais, culturais e sociais) são de tal modo débeis que os excluem de um tipo de vida minimamente aceitável no Estado-membro em que vivem".[4] Contudo, se reco-

4. Conselho das Comunidades Europeias, *Decisão (85/8/CEE) relativa a uma ação comunitária específica de luta contra a pobreza*, Art. 1, § 2.

nhecemos que todos os seres humanos têm a mesma dignidade, independentemente do local de nascimento, não se podem ignorar as grandes diferenças que existem entre países e regiões.

14 Os pobres não existem por acaso ou por causa de um cego e amargo destino. Muito menos a pobreza é uma escolha para a maioria deles. No entanto, ainda há quem ouse afirmar isso, demonstrando cegueira e crueldade. Entre os pobres há também, obviamente, aqueles que não querem trabalhar, talvez porque os seus antepassados, que trabalharam por toda a vida, morreram pobres. Mas há muitos homens e mulheres que trabalham da manhã até a noite, recolhendo papelão, por exemplo, ou realizando outras atividades semelhantes, embora saibam que esse esforço servirá apenas para sobreviver e nunca para melhorar verdadeiramente as suas vidas. Não podemos dizer que a maioria dos pobres estão nessa situação porque não obtiveram "méritos", de acordo com a falsa visão da meritocracia, segundo a qual parece que só têm mérito aqueles que tiveram sucesso na vida.

15 Também os cristãos, em muitas ocasiões, se deixam contagiar por atitudes marcadas por ideologias mundanas ou por orientações políticas e econômicas que levam a generalizações injustas e a conclusões enganadoras. Observar que o exercício da caridade é desprezado ou ridicularizado, como se fosse uma fixação somente de alguns e não o núcleo incandescente da missão eclesial, faz-me pensar que é preciso ler novamente o Evangelho, para não se correr o risco de o substituir pela mentalidade mundana. Se não quisermos sair da corrente viva da Igreja, que brota do Evangelho e fecunda cada momento histórico, não podemos esquecer os pobres.

Capítulo II

Deus escolhe os pobres

A opção pelos pobres

16 Deus é amor misericordioso e o seu projeto de amor, que se estende e se realiza na história, é primeiramente o seu descer e vir estar entre nós para nos libertar da escravidão, dos medos, do pecado e do poder da morte. Com um olhar misericordioso e um coração cheio de amor, Ele se dirigiu às suas criaturas, preocupando-se com a sua condição humana e, portanto, com a sua pobreza. Precisamente para partilhar os limites e as fraquezas da nossa natureza humana, Ele mesmo se fez pobre, nasceu segundo a carne como nós e o reconhecemos na pequenez de uma criança recostada em uma manjedoura e na extrema humilhação da cruz, onde partilhou a nossa radical pobreza, que é a morte. Por isso, compreende-se bem por que se pode falar, também teologicamente, sobre uma opção preferencial de Deus pelos pobres, uma expressão que surgiu no contexto do continente latino-americano, em particular na Assembleia de Puebla, mas que foi bem integrada no sucessivo Magistério da Igreja.[1] Essa "preferência" nunca diz respeito a um exclusivismo ou a uma discriminação em relação a outros grupos, que em Deus seria impossível; ela pretende sublinhar o agir de Deus que, por compaixão, se dirige à pobreza e à fraqueza da humanidade inteira e que, querendo inaugurar um Reino de justiça, fraternidade e solidariedade, tem

1. Cf. São João Paulo II, *Amor preferencial pelos pobres*, 27 de outubro de 1999.

particularmente ao centro aqueles que são discriminados e oprimidos, pedindo-nos também a nós, sua Igreja, uma decidida e radical posição em favor dos mais fracos.

17 Nessa perspectiva, compreendem-se as numerosas páginas do Antigo Testamento, nas quais Deus é apresentado como amigo e libertador dos pobres, Aquele que escuta o grito do pobre e intervém para o libertar (cf. Sl 34,7). Deus, refúgio do pobre, por meio dos profetas — recordemos de modo particular Amós e Isaías — denuncia as iniquidades contra os mais fracos e exorta Israel a renovar o culto a partir de dentro, porque não se pode rezar nem oferecer sacrifícios, quando ao mesmo tempo se oprimem os mais fracos e pobres. Desde o seu início, a Sagrada Escritura manifesta com grande intensidade o amor de Deus por meio da proteção dos mais fracos e dos menos favorecidos, a tal ponto que, em relação a eles, se poderia falar de uma espécie de "fraqueza" de Deus: "No coração de Deus, ocupam lugar preferencial os pobres [...]. Todo o caminho da nossa redenção está assinalado pelos pobres" (EG, n. 197).

Jesus, o Messias pobre

18 Toda a história do Antigo Testamento sobre a predileção de Deus pelos pobres e o desejo divino de ouvir o seu clamor — que evoquei brevemente — encontra em Jesus de Nazaré a sua plena realização.[2] Na sua Encarnação, Ele "esvaziou-se, assumindo a forma de servo e tornando-se semelhante ao ser humano. E encontrado em aspecto humano" (Fl 2,7), nessa condição realizou a nossa salvação. Trata-se de uma pobreza radical, fundada na sua missão de revelar a verdadeira face do amor divino (cf. Jo 1,18; 1Jo 4,9). Por isso, São Paulo pode afirmar com uma das suas maravilhosas sínteses: "Certamente conheceis a generosidade de nosso Senhor Jesus

2. Cf. Francisco, *Mensagem para o V Dia Mundial dos Pobres*, 14 de novembro de 2021, n. 3: "Jesus não só está do lado dos pobres, mas *partilha com eles* a mesma sorte. Isto constitui um forte ensinamento também para os seus discípulos de todos os tempos".

Cristo: de rico que era, tornou-se pobre por causa de vós, para que vos torneis ricos, por sua pobreza" (2Cor 8,9).

19 Com efeito, o Evangelho mostra que essa pobreza abrangia todos os aspectos da sua vida. Desde a sua entrada no mundo, Jesus experimentou as dificuldades relacionadas à rejeição. O Evangelista Lucas, narrando a chegada a Belém de José e Maria, já prestes a dar à luz, observa com pena "não haver lugar para eles na hospedaria" (cf. Lc 2,7). Jesus nasceu em condições humildes: logo após o nascimento, foi recostado em uma manjedoura e, pouco tempo depois, os seus pais fugiram para o Egito a fim de o salvar da morte (cf. Mt 2,13-15). No início da sua vida pública, foi expulso de Nazaré depois de ter anunciado, na sinagoga, que se cumpria nele o ano da graça no qual os pobres se rejubilam (cf. Lc 4,14-30). Não houve um lugar acolhedor nem mesmo no momento de sua morte: a fim de ser crucificado, levaram-no para fora de Jerusalém (cf. Mc 15,22). É nessa condição que se pode resumir claramente a pobreza de Jesus. Trata-se da mesma exclusão que caracteriza a definição dos pobres: eles são os excluídos da sociedade. Jesus é a revelação desse *privilegium pauperum*. Ele se apresenta ao mundo não só como Messias pobre, mas também como Messias dos pobres e para os pobres.

20 Existem alguns indícios a propósito da condição social de Jesus. Em primeiro lugar, Ele realiza o ofício de artesão ou carpinteiro, *téktōn* (cf. Mc 6,3). Trata-se de uma categoria de pessoas que vivem do seu trabalho manual. Não possuindo terrenos, eram considerados inferiores em relação aos agricultores. Quando o Menino Jesus é apresentado no Templo por José e Maria, os seus pais oferecem um par de rolas ou de pombas (cf. Lc 2,22-24), que, segundo as prescrições do *Livro do Levítico* (cf. 12,8), constituía a oferta dos pobres. Um episódio evangélico bastante significativo é aquele que nos conta como Jesus e os seus discípulos colhiam espigas para se alimentarem enquanto atravessavam os campos (cf. Mc 2,23-28): isso — respigar os campos — era permitido somente a quem era pobre. Além disso, o próprio Jesus diz de si mesmo: "As raposas têm tocas e os pássaros do céu têm ninhos; mas o Filho do

Homem não tem onde reclinar a cabeça" (Mt 8,20; Lc 9,58). Na verdade, Ele é um mestre itinerante cuja pobreza e precariedade são sinais do vínculo com o Pai e são pedidas também a quem deseja segui-lo no caminho do discipulado, precisamente para que a renúncia aos bens, às riquezas e às seguranças deste mundo seja um sinal visível do ter-se confiado a Deus e à sua providência.

21 No início do seu ministério público, Jesus se apresenta na sinagoga de Nazaré lendo o livro de Isaías e aplicando a si mesmo a palavra do profeta: "O Espírito do Senhor está sobre mim, pois ele me ungiu para anunciar o Evangelho aos pobres" (Lc 4,18; cf. Is 61,1). Ele se manifesta, portanto, como Aquele que, no hoje da história, vem realizar a proximidade amorosa de Deus, que, em primeiro lugar, é obra de libertação para quem está prisioneiro do mal, para os fracos e os pobres. Na verdade, os sinais que acompanham a pregação de Jesus são manifestações de amor e de compaixão com as quais Deus olha para os doentes, os pobres e os pecadores que, em virtude da sua condição, eram marginalizados na sociedade, inclusive pela religião; Ele abre os olhos aos cegos, cura os leprosos, ressuscita os mortos e anuncia aos pobres a Boa-Nova: Deus se fez próximo, Deus vos ama (cf. Lc 7,22). Isso explica a razão pela qual Ele proclama: "Bem-aventurados vós, os pobres, pois vosso é o Reino de Deus" (Lc 6,20). Efetivamente, Deus mostra predileção pelos pobres: a eles primeiramente se dirige a palavra de esperança e libertação do Senhor e por isso ninguém, apesar da condição de pobreza ou fraqueza, deve sentir-se abandonado. E a Igreja, se deseja ser de Cristo, deve ser Igreja das Bem-Aventuranças, Igreja que dá vez aos pequeninos e caminha pobre com os pobres, lugar onde os pobres têm um espaço privilegiado (cf. Tg 2,2-4).

22 Incapazes de se prover do necessário para viver, os indigentes e os enfermos eram frequentemente obrigados a mendigar. A isso somava-se o peso da vergonha social, alimentada pela convicção de que a doença e a pobreza estavam ligadas a algum pecado pessoal. Jesus combateu com firmeza aquele modo de pensar, afirmando: "o vosso Pai que está nos céus; ele faz nascer o seu sol

sobre maus e bons e faz descer a chuva sobre justos e injustos" (Mt 5,45). E, inclusive, de fato inverteu completamente essa concepção, como está bem exemplificado na parábola do rico avarento e do pobre Lázaro: "Filho, lembra-te de que, durante a vida, recebeste teus bens, assim como Lázaro recebeu seus males. Agora, porém, ele encontra aqui consolo, e tu és atormentado" (Lc 16,25).

23 Compreende-se, então, que "deriva da nossa fé em Cristo, que se fez pobre e sempre se aproximou dos pobres e marginalizados, a preocupação pelo desenvolvimento integral dos mais abandonados da sociedade" (EG, n. 186). Muitas vezes me pergunto: quando há tanta clareza nas Sagradas Escrituras a respeito dos pobres, por que razão muitos continuam a pensar que podem deixar de prestar atenção aos pobres? Por enquanto, porém, permaneçamos no âmbito bíblico e procuremos refletir sobre a nossa relação com os últimos da sociedade e sobre o lugar fundamental que eles ocupam em meio ao Povo de Deus.

A misericórdia para com os pobres na Bíblia

24 O Apóstolo João escreve: "quem não ama o seu irmão, a quem vê, não poderá amar a Deus, a quem não vê" (1Jo 4,20). Do mesmo modo, na sua resposta ao doutor da lei, Jesus retoma dois antigos mandamentos: "Amarás o Senhor, teu Deus, de todo o teu coração, de toda a tua alma e com toda a tua força" (Dt 6,5) e "Amarás o teu próximo como a ti mesmo" (Lv 19,18), unindo-os em um único mandamento. O Evangelista Marcos reproduz a resposta de Jesus nestes termos: "O primeiro é este: 'Escuta, Israel! O Senhor nosso Deus é o único Senhor. Amarás o Senhor, teu Deus, de todo o teu coração, com toda a tua alma, com todo o teu entendimento e com toda a tua força!' E o segundo mandamento é: 'Amarás teu próximo como a ti mesmo'! Não existe outro mandamento maior do que estes" (Mc 12,29-31).

25 A passagem do Levítico citada acima exorta a honrar o próprio compatriota, enquanto em outros textos encon-

tramos um ensinamento que convida ao respeito — ou mesmo ao amor — também pelo inimigo: "Se encontrares, extraviados, o boi ou o jumento do teu inimigo, leva-os de volta para ele. Se vires o jumento de quem te odeia caído sob o peso da carga, não passes ao largo, mas ajeita a carga com ele" (Ex 23,4-5). Isso deixa transparecer o valor intrínseco do respeito pela pessoa: seja quem for que se encontre em dificuldade, mesmo o inimigo, merece sempre ser socorrido.

26 É inegável que o primado de Deus no ensinamento de Jesus é acompanhado por outro princípio fundamental, segundo o qual não se pode amar a Deus sem estender o próprio amor aos pobres. O amor ao próximo é a prova tangível da autenticidade do amor a Deus, como atesta o Apóstolo João: "Ninguém jamais viu a Deus. Se nos amamos uns aos outros, Deus permanece em nós e seu amor em nós é consumado. [...] Deus é amor: quem permanece no amor, permanece em Deus, e Deus permanece nele" (1Jo 4,12.16). São dois amores distintos, mas inseparáveis. Mesmo nos casos em que a relação com Deus não é explícita, o próprio Senhor nos ensina que qualquer ação de amor pelo próximo é, em algum modo, um reflexo da caridade divina: "Em verdade, vos digo: todas as vezes que fizestes isso a um destes pequeninos que são meus irmãos, foi a mim que o fizestes!" (cf. Mt 25,40).

27 Por essa razão, recomendam-se as obras de misericórdia, qual sinal da autenticidade do culto que, ao louvar a Deus, tem por missão abrir-nos à transformação que o Espírito pode realizar em nós, para que todos nos tornemos imagem de Cristo e da sua misericórdia para com os mais fracos. Nesse sentido, a relação com o Senhor, que se expressa no culto, pretende também nos libertar do risco de viver as nossas relações segundo a lógica do cálculo e das vantagens, abrindo-nos à gratuidade que existe entre aqueles que se amam e que, por isso, partilham tudo. A esse respeito, Jesus aconselha: "Quando ofereceres um almoço ou uma ceia, não convides teus amigos, nem teus irmãos, nem teus parentes, nem teus vizinhos ricos, para que não te convidem por sua vez e isso te sirva de retribuição. Pelo contrário, quando deres um

banquete, convida os pobres, os aleijados, os coxos, os cegos! Então serás bem-aventurado, pois esses não têm como te retribuir!" (Lc 14,12-14).

28 O apelo do Senhor à misericórdia para com os pobres encontrou a sua máxima expressão na grande parábola do juízo final (cf. Mt 25,31-46), que é também uma representação gráfica da Bem-Aventurança dos misericordiosos. Ali, o Senhor nos ofereceu a chave para alcançar a nossa plenitude, porque "se andamos à procura da santidade que agrada a Deus, neste texto encontramos precisamente uma regra de comportamento com base na qual seremos julgados" (GeE, n. 95). As palavras fortes e claras do Evangelho devem ser vividas "sem comentários, especulações e desculpas que lhes tirem força. O Senhor deixou-nos bem claro que a santidade não se pode compreender nem viver prescindindo destas suas exigências" (GeE, n. 97).

29 O programa de caridade na primeira comunidade cristã não derivava de análises ou projetos, mas diretamente do exemplo de Jesus, das próprias palavras do Evangelho. A Carta de São Tiago dedica amplo espaço ao problema da relação entre ricos e pobres, lançando aos fiéis dois apelos muito fortes que questionam a sua fé: "que adianta alguém dizer que tem fé, se não tem obras? A fé seria capaz de salvá-lo? Imaginai que um irmão ou uma irmã não têm o que vestir e que lhes falta a comida de cada dia; se então algum de vós disser a eles: 'Ide em paz, aquecei-vos' e 'Comei à vontade', sem lhes dar o necessário para o corpo, que adianta isso? Assim também a fé: se não se traduz em ações, por si só está morta" (Tg 2,14-17).

30 "Vosso ouro e vossa prata estão enferrujados, e a ferrugem deles vai testemunhar contra vós e devorar vossas carnes, como fogo! Nestes dias, que são os últimos, amontoastes tesouros. Olhai: o salário dos trabalhadores que ceifaram os vossos campos, e que vós deixastes de pagar, está gritando; o clamor dos trabalhadores chegou aos ouvidos do Senhor todo-poderoso. Vivestes luxuosamente na terra, entregues à boa vida, engordando a

vós mesmos no dia da matança" (Tg 5,3-5). Que força têm estas palavras, mesmo quando preferimos fazer-nos de surdos! Na Primeira Carta de São João, encontramos um apelo semelhante: "Se alguém possui riquezas neste mundo, e vê o seu irmão passar necessidade, mas diante dele fecha o seu coração, como pode o amor de Deus permanecer nele?" (1Jo 3,17).

31 O que diz a Palavra revelada "É uma mensagem tão clara, tão direta, tão simples e eloquente que nenhuma hermenêutica eclesial tem o direito de relativizar. A reflexão da Igreja sobre esses textos não deveria ofuscar nem enfraquecer o seu sentido exortativo, mas antes ajudar a assumi-los com coragem e ardor. Para quê complicar o que é tão simples? As elaborações conceituais hão de favorecer o contato com a realidade que pretendem explicar, e não nos afastar dela" (EG, n. 194).

32 Por outro lado, um claro exemplo eclesial de partilha dos bens e de atenção à pobreza encontra-se na vida cotidiana e no estilo da primeira comunidade cristã. Podemos recordar, em particular, o modo como foi resolvida a questão da distribuição diária de auxílios às viúvas (cf. At 6,1-6). Era um problema difícil, até porque algumas dessas viúvas, provenientes de outros países, por vezes eram preteridas por serem estrangeiras. Com efeito, o episódio narrado nos Atos dos Apóstolos põe em evidência um certo descontentamento da parte dos helenistas, judeus de cultura grega. Os Apóstolos respondem não com um discurso qualquer ou abstrato, mas, ao colocar no centro a caridade para com todos, reorganizam a assistência às viúvas, pedindo à Comunidade que procurasse pessoas sábias e estimadas a quem confiar o serviço das mesas, enquanto eles se ocupam da pregação da Palavra.

33 Quando Paulo foi a Jerusalém para consultar os Apóstolos, a fim de "não acontecer que estivesse correndo ou tivesse corrido em vão" (cf. Gl 2,2), foi-lhe pedido que não se esquecesse dos pobres (cf. Gl 2,10). Ele, então, organizou diversas coletas para ajudar as comunidades pobres. Entre as motivações que oferece para tal gesto, merece destaque a seguinte: "Deus ama a quem dá com

alegria" (2Cor 9,7). Para aqueles entre nós pouco inclinados a gestos gratuitos sem qualquer interesse, a Palavra de Deus indica que a generosidade em favor dos pobres é um verdadeiro bem para quem a pratica: efetivamente, ao agir assim, somos amados por Deus de maneira especial. Na verdade, as promessas bíblicas dirigidas àqueles que dão com generosidade são muitas: "Quem se compadece do pobre empresta ao Senhor, e Ele o recompensará pelo que fez" (Pr 19,17); "Dai e vos será dado [...] a medida com que medirdes, será medido para vós" (Lc 6,38); "Então, a tua luz irromperá como a aurora, e a tua cura virá mais depressa" (Is 58,8). Os primeiros cristãos estavam convencidos de tudo isso.

34 A vida das primeiras comunidades eclesiais, que chegou até nós como Palavra revelada no cânone bíblico, nos é oferecida como exemplo a ser imitado e como testemunho da fé que opera através da caridade, permanecendo como admoestação perene para as gerações futuras. Ao longo dos séculos, essas páginas têm incentivado o coração dos cristãos a amar e realizar obras de caridade, como sementes fecundas que não cessam de produzir frutos.

Capítulo III

Uma Igreja para os pobres

35 Três dias após a sua eleição, o meu Predecessor manifestou aos representantes dos meios de comunicação social o anseio de que fossem mais claramente presentes na Igreja o cuidado e a atenção aos pobres: "Ah, como eu queria uma Igreja pobre e para os pobres!".[1]

36 Esse desejo espelha a consciência de que a Igreja "reconhece nos pobres e nos sofredores a imagem de seu Fundador, pobre e sofredor, esforça-se por mitigar sua pobreza e neles procura servir a Cristo" (LG, n. 8). Com efeito, tendo sido chamada a configurar-se com os últimos, nela "não devem subsistir dúvidas nem explicações que debilitem esta mensagem claríssima [...]. Deve-se afirmar, sem rodeios, que existe um vínculo indissolúvel entre a nossa fé e os pobres" (EG, n. 48). A esse respeito, temos abundantes testemunhos ao longo da história quase bimilenar dos discípulos de Jesus.[2]

1. Francisco, *Discurso por ocasião do encontro com os representantes dos meios de comunicação social*, 16 de março de 2013.

2. Neste capítulo proporemos alguns destes exemplos de santidade, que não pretendem ser exaustivos, mas ser uma representação do cuidado com os pobres que sempre marcou a presença da Igreja no mundo. Uma detalhada reflexão sobre a história desta atenção eclesial aos mais pobres encontra-se no livro de V. Paglia, *Storia della povertà*.

A verdadeira riqueza da Igreja

37 São Paulo menciona que entre os fiéis da nascente comunidade cristã não havia "muitos sábios segundo a carne, nem muitos poderosos, nem muitos de família nobre" (1Cor 1,26). Entretanto, apesar da própria pobreza, os primeiros cristãos têm a clara consciência da necessidade de acudir àqueles que passam maiores privações. Já nos alvores do cristianismo, os Apóstolos impõem as mãos sobre sete homens escolhidos pela comunidade e, em certo grau, integram-nos no próprio ministério, instituindo-os para o serviço — tradução da palavra *diakonía* em grego — dos mais pobres (cf. At 6,1-5). É significativo que o primeiro discípulo a dar testemunho da sua fé em Cristo com o derramamento do próprio sangue seja Santo Estêvão, que fazia parte desse grupo. Nele se unem o testemunho de vida na atenção aos necessitados e o martírio.

38 Pouco mais de dois séculos depois, um outro diácono manifestará a sua adesão a Jesus Cristo de modo semelhante, unindo em sua vida o serviço dos pobres e o martírio: São Lourenço.[3] A partir dos textos de Santo Ambrósio, vemos como Lourenço, diácono em Roma no pontificado do Papa Sixto II, ao ser obrigado pelas autoridades romanas a entregar os tesouros da Igreja, "trouxe consigo, no dia seguinte, os pobres. Quando lhe perguntaram onde estavam os tesouros que prometera, mostrou os pobres, dizendo: 'Estes são os tesouros da Igreja'".[4] Ao narrar esse episódio, Ambrósio pergunta: "Que melhores tesouros teria Cristo do que aqueles nos quais Ele mesmo disse que estava?".[5] E, recordando que os ministros da Igreja não devem jamais negligenciar o cuidado dos pobres e, menos ainda, acumular bens em benefício próprio, afirma: "É ne-

3. Cf. Santo Ambrósio, *De officiis ministrorum I*, cap. 41, 205-206 (*Corpus Christianorum, Series Latina* 15, 76-77); Santo Ambrósio, *De officiis ministrorum II*, cap. 28, 140-143 (*Corpus Christianorum, Series Latina* 15, 148-149).

4. Santo Ambrósio, *De officiis ministrorum II*, cap. 28, 140 (*Corpus Christianorum, Series Latina* 15, 148).

5. Santo Ambrósio, *De officiis ministrorum II*, cap. 28, 140 (*Corpus Christianorum, Series Latina* 15, 148).

cessário que cada um de nós cumpra esta obrigação com fé sincera e perspicaz providência. Sem dúvida, se alguém desvia alguma coisa para utilidade própria, isso é crime; mas, se o dá aos pobres, se resgata o cativo, isso é misericórdia".[6]

Os Padres da Igreja e os pobres

39 Desde os primeiros séculos, os Padres da Igreja reconheceram no pobre um acesso privilegiado a Deus, um modo especial de O encontrar. A caridade para com os necessitados não era compreendida como simples virtude moral, mas como expressão concreta da fé no Verbo encarnado. A comunidade dos fiéis, sustentada pela força do Espírito Santo, encontra-se enraizada na proximidade com os pobres, que dela não são um apêndice, mas parte essencial do seu Corpo vivo. Santo Inácio de Antioquia, por exemplo, estando a caminho do próprio martírio, exortava os fiéis da comunidade de Esmirna a não descuidar o dever da caridade para com os mais necessitados, alertando-os a não proceder como os que se opunham a Deus: "Considerai aqueles que têm opinião diferente sobre a graça de Jesus Cristo, que veio até nós: como eles se opõem ao pensamento de Deus! Não se preocupam com o amor, nem com a viúva, nem com o órfão, nem com o oprimido, nem com o prisioneiro ou liberto, nem com o faminto ou sedento".[7] O bispo de Esmirna, Policarpo, recomendava precisamente aos ministros da Igreja o cuidado dos pobres: "Os presbíteros também sejam compassivos, misericordiosos para com todos. Tragam de volta os desgarrados, visitem todos os doentes, não descuidem a viúva, o órfão e o pobre, mas sejam sempre solícitos no bem diante de Deus e dos homens".[8] A partir desses dois testemunhos, constatamos que a Igreja aparece como mãe dos pobres, lugar de acolhimento e justiça.

6. Santo Ambrósio, *De officiis ministrorum II*, cap. 28, 142 (*Corpus Christianorum, Series Latina* 15, 148).

7. Santo Inácio de Antioquia, *Epistula ad Smyrnaeos*, 6, 2 (*Sources Chrétiennes* 10bis, 136-138).

8. São Policarpo, *Epistula ad Philippenses*, 6, 1 (*Sources Chrétiennes* 10bis, 186).

40 São Justino, por sua vez, na sua primeira Apologia, dirigida ao Imperador Adriano, ao Senado e ao povo romano, explicava-lhes que os cristãos levavam aos necessitados tudo o que podiam, porque viam neles irmãos em Cristo. Ao escrever sobre a assembleia de oração no primeiro dia da semana, destaca que, no centro da liturgia cristã, não se pode separar o culto a Deus da atenção aos pobres. Com efeito, em um determinado momento da celebração "os que possuem alguma coisa e queiram, cada um conforme a sua livre vontade, dão o que bem lhes parece, e o que foi recolhido se entrega ao presidente. Ele o distribui a órfãos e viúvas, aos que por enfermidade ou outra causa estão necessitados, aos que estão nas prisões, aos forasteiros de passagem, em uma palavra: ele se torna o provisor de todos os que se encontram indigentes".[9] Assim, testemunha-se que a Igreja nascente não separava o crer do agir social: a fé que não vinha acompanhada do testemunho das obras, como ensinara São Tiago, era considerada morta (cf. Tg 2,17).

São João Crisóstomo

41 Entre os Padres orientais, talvez o mais ardoroso pregador da justiça social seja São João Crisóstomo, Arcebispo de Constantinopla na passagem do século IV ao século V. Nas suas homilias, exorta os fiéis a reconhecer Cristo nos necessitados: "Queres honrar o Corpo de Cristo? Não permitas que seja desprezado nos seus membros, isto é, nos pobres que não têm o que vestir, nem O honres aqui no templo com vestes de seda, enquanto lá fora O abandonas ao frio e à nudez. [...] No templo, o Corpo de Cristo não precisa de mantos, mas de almas puras; porém, na pessoa dos pobres, Ele precisa de todo o nosso cuidado. Aprendamos, portanto, a refletir e a honrar a Cristo como Ele quer. Quando pretendemos honrar alguém, devemos prestar-lhe a honra que ele prefere e não a que mais nos agrada [...]. Assim deves, também tu, prestar-Lhe aquela honra que Ele mesmo ordenou, distribuindo pelos pobres as tuas riquezas. Deus não precisa de vasos de ouro, mas

9. São Justino, *Apologia prima*, 67, 6-7 (*Sources Chrétiennes* 507, 310).

de almas de ouro".[10] Afirmando com clareza meridiana que, se os fiéis não encontram Cristo nos pobres à sua porta, tampouco serão capazes de prestar-Lhe culto no altar, prossegue: "De que serviria, afinal, adornar a mesa de Cristo com vasos de ouro, se Ele morre de fome na pessoa dos pobres? Primeiro dá de comer a quem tem fome, e depois ornamenta a sua mesa com o que sobra".[11] Entendia a Eucaristia, portanto, também como uma expressão sacramental da caridade e da justiça que a precediam, a acompanhavam e deveriam dar continuidade a ela no amor e na atenção aos pobres.

42 Sendo assim, a caridade não é uma via opcional, mas o critério do verdadeiro culto. Crisóstomo denunciava com veemência o luxo exacerbado, que convivia com a indiferença em relação aos pobres. A atenção que lhes é devida, mais do que mera exigência social, é condição de salvação, o que atribui à riqueza injusta um peso de condenação: "Faz muito frio e o pobre jaz em farrapos, moribundo enregelado, rangendo os dentes, com aspecto e veste que te deviam comover. Tu, contudo, aquecido e ébrio, passas adiante. E como queres que Deus te livre da infelicidade? [...] Muitas vezes a um cadáver insensível, que já não percebe a honra, ornas com muitas vestes variegadas e douradas. Todavia desprezas aquele que sente dor, é dilacerado, torturado, atormentado pela fome e pelo frio, e dás mais valor à vanglória que ao temor de Deus".[12] Esse profundo senso de justiça social leva-o a afirmar que "não dar aos pobres é roubá-los, é defraudar a vida deles, pois a eles pertence o que possuímos".[13]

Santo Agostinho

43 Agostinho teve como mestre espiritual Santo Ambrósio, que insistia na exigência ética de partilhar os bens: "Não

10. São João Crisóstomo, *Homiliae in Matthaeum*, 50, 3 (*Patrologia Graeca* 58, 508).
11. São João Crisóstomo, *Homiliae in Matthaeum*, 50, 4 (*Patrologia Graeca* 58, 509).
12. São João Crisóstomo, *Homiliae in Epistula ad Hebraeos*, 11, 3 (*Patrologia Graeca* 63, 94).
13. São João Crisóstomo, *Homilia II De Lazaro*, 6 (*Patrologia Graeca* 48, 992).

é de tua propriedade aquilo que dás ao pobre; é dele. Porque tu te apropriaste do que foi dado para uso comum".[14] Para o Bispo de Milão, a esmola é justiça restabelecida, não um gesto paternalista. Nas suas pregações, a misericórdia assume um caráter profético: ela denuncia as estruturas de acúmulo e reafirma a comunhão como vocação eclesial.

44 Formado nessa tradição, o santo Bispo de Hipona ensinou por sua vez o amor preferencial pelos pobres. Pastor vigilante e teólogo de rara clarividência, ele compreendeu que a verdadeira comunhão eclesial se expressa também na comunhão dos bens. No seu *Comentário aos Salmos*, recorda que os verdadeiros cristãos não deixam de lado o amor aos mais necessitados: "atendeis os vossos irmãos, se precisam de alguma coisa; dais, se Cristo está em vós, até aos estranhos".[15] Essa partilha dos bens brota, portanto, da caridade teologal e tem como fim último o amor a Cristo. Para Agostinho, o pobre não é apenas alguém a quem se presta auxílio, mas presença sacramental do Senhor.

45 O Doutor da Graça via no cuidado aos pobres uma prova concreta da sinceridade da fé. Aquele que diz amar a Deus e não se compadece dos necessitados, mente (cf. 1Jo 4,20). Comentando o encontro de Jesus com o jovem rico, e o "tesouro no Céu" que está reservado a quem dá os seus bens aos pobres (cf. Mt 19,21), Agostinho coloca na boca do Senhor as seguintes palavras: "Recebi terra e darei o Céu. Recebi coisas temporais e darei em troca bens eternos. Recebi pão, darei a vida. [...] Recebi hospedagem e darei uma casa. Fui visitado na doença e darei a saúde. Fui visitado na prisão e darei a liberdade. O pão que foi dado aos meus pobres foi consumido; o pão que eu darei restaura as forças, sem nunca acabar".[16] O Altíssimo não se deixa vencer em generosidade

14. Santo Ambrósio, *De Nabuthae*, 12, 53 (*Corpus Scriptorum Ecclesiasticorum Latinorum* 32/2, 498).

15. Santo Agostinho, *Enarrationes in Psalmos*, 125, 12 (*Corpus Scriptorum Ecclesiasticorum Latinorum* 95/3, 181).

16. Santo Agostinho, *Sermo LXXXVI*, 5 (*Corpus Christianorum, Series Latina* 41Ab, 411-412).

por aqueles que O servem nos mais necessitados: quanto maior o amor aos pobres, maior a recompensa da parte de Deus.

46 Esse olhar cristocêntrico e profundamente eclesial leva a sustentar que as ofertas, quando nascidas do amor, não aliviam apenas a necessidade do irmão, mas purificam também o coração de quem as dá e está disposto a uma mudança: "As esmolas, com efeito, podem servir-te para resgatar os pecados da vida passada, se mudares de vida".[17] Elas são, por assim dizer, o caminho ordinário da conversão de quem deseja seguir a Cristo com coração indiviso.

47 Em uma Igreja que reconhece nos pobres o rosto de Cristo e nos bens o instrumento da caridade, o pensamento agostiniano permanece uma luz segura. Hoje, a fidelidade aos ensinamentos de Agostinho exige não só o estudo de suas obras, mas a predisposição para viver com radicalidade o seu apelo à conversão, que inclui necessariamente o serviço da caridade.

48 Muitos outros Padres da Igreja, do Oriente e do Ocidente, se pronunciaram sobre a primazia da atenção aos pobres na vida e missão de cada fiel cristão. Sob esse aspecto, em resumo, pode afirmar-se que a teologia patrística foi prática, apontando para uma Igreja pobre e para os pobres, recordando que o Evangelho só é bem anunciado quando leva a tocar a carne dos últimos, e alertando que o rigor doutrinal sem misericórdia é palavra vazia.

Cuidar dos enfermos

49 A compaixão cristã manifestou-se de modo peculiar no cuidado com os doentes e sofredores. A partir dos sinais presentes no ministério público de Jesus — que curava cegos, leprosos, paralíticos —, a Igreja entende ser parte importante da sua missão o cuidado dos enfermos, nos quais com facilidade reco-

17. Pseudoagostinho, *Sermo CCCLXXXVIII*, 2 (*Patrologia Latina* 39, 1700).

nhece o Senhor crucificado. São Cipriano, durante uma peste na cidade de Cartago, onde era Bispo, recordava aos cristãos a importância do cuidado com os doentes: "esta epidemia que parece tão horrível e funesta põe à prova a justiça de cada um e experimenta o espírito dos homens, verificando se os sãos servem aos enfermos, se os parentes se amam sinceramente, se os senhores têm piedade dos servos enfermos, se os médicos não abandonam os doentes que imploram".[18] A tradição cristã de visitar os doentes, de lavar as suas feridas, de confortar os aflitos não se resume a uma mera obra de filantropia, mas é ação eclesial por meio da qual, nos enfermos, os membros da Igreja "tocam a carne sofredora de Cristo".[19]

50 No século XVI, São João de Deus, ao fundar a Ordem Hospitalar que leva o seu nome, criou hospitais modelo que acolhiam a todos, independentemente da sua condição social ou econômica. A sua famosa expressão — "Fazei o bem, irmãos!" — tornou-se lema da caridade ativa com os doentes. Contemporaneamente, São Camilo de Léllis fundava a Ordem dos Ministros dos Enfermos — os Camilianos —, assumindo como missão servir os doentes com dedicação total. A sua regra ordena: "Cada qual peça a Deus que lhe dê um afeto materno para com o próximo, a fim de podermos servi-lo com todo o amor, tanto na alma quanto no corpo, pois, com a graça de Deus, desejamos servir todos os doentes com o mesmo carinho que uma extremosa mãe dedica ao seu filho doente".[20] Em hospitais, campos de batalha, prisões e ruas, os camilianos encarnaram a misericórdia de Cristo Médico.

51 Cuidando dos doentes com carinho maternal, como uma mãe cuida de seu filho, muitas mulheres consagradas desempenharam um papel ainda mais disseminado no cuidado da saúde dos pobres. As Filhas da Caridade de São Vicente de Paulo, as Irmãs Hospitaleiras, as Pequenas Servas da Divina Providência e tantas outras congregações femininas tornaram-se presença ma-

18. São Cipriano, *De mortalitate*, 16 (*Corpus Christianorum, Series Latina* 3A, 25).
19. Francisco, *Mensagem para o 30º Dia Mundial do Doente*, 3.
20. São Camilo de Léllis, *Regras da Companhia dos Servos dos Enfermos*, 27.

terna e discreta em hospitais, asilos e casas de saúde. Levaram remédio, escuta, presença e, sobretudo, ternura. Construíram, muitas vezes com as próprias mãos, estruturas sanitárias em zonas sem qualquer assistência médica. Ensinavam higiene, cuidavam dos partos, medicavam com sabedoria natural e fé profunda. As suas casas tornavam-se oásis de dignidade onde ninguém era excluído. O toque da compaixão era o primeiro remédio. Santa Luísa de Marillac escrevia às suas irmãs, Filhas da Caridade, recordando-as de que haviam "recebido uma especial bênção de Deus para servir aos pobres enfermos nos hospitais".[21]

52 Hoje, esse legado continua em hospitais católicos, postos de saúde em regiões periféricas, missões sanitárias nas selvas, centros de acolhimento para toxicodependentes e hospitais de campanha em zonas de guerra. A presença cristã junto aos doentes revela que a salvação não é ideia abstrata, mas gesto concreto. No gesto de limpar uma ferida, a Igreja proclama que o Reino de Deus começa entre os mais vulneráveis. E ao fazer isso, permanece fiel Àquele que disse: "estava doente, e cuidastes de mim" (Mt 25,36). Quando a Igreja se ajoelha diante de um leproso, de uma criança desnutrida ou de um moribundo anônimo, ela realiza a sua vocação mais profunda: amar o Senhor onde Ele está mais desfigurado.

O cuidado com os pobres na Vida Monástica

53 A vida monástica, nascida no silêncio dos desertos, foi desde o início um testemunho de solidariedade. Os monges deixavam tudo — riqueza, prestígio, família — não só por desprezar as riquezas do mundo — *contemptus mundi* —, mas para encontrar, neste despojamento radical, o Cristo pobre. São Basílio Magno, na sua Regra, não via contradição entre a vida de oração e recolhimento dos monges e a ação em favor dos pobres. Para ele,

21. Santa Luísa de Marillac, Carta às Irmãs Claude Carré e Marie Gaudoin. *In*: É. Charpy (ed.); *Sainte Louise de Marillac, Écrits*, 576.

a hospitalidade e o cuidado com os necessitados eram parte integrante da espiritualidade monástica, e os monges, mesmo depois de terem deixado tudo para abraçar a pobreza, deveriam ajudar os mais pobres com o seu trabalho, pois "para se ter com que socorrer aos necessitados, evidencia-se que devemos trabalhar com diligência [...] este modo de viver é proveitoso não só para subjugar o corpo, mas ainda por causa da caridade para com o próximo, a fim de que, por nosso intermédio, Deus forneça o bastante aos irmãos mais fracos".[22]

54 Construiu em Cesareia, onde era bispo, um lugar conhecido como Basilíades, que incluía alojamentos, hospitais e escolas para os pobres e doentes. O monge, portanto, não era apenas um asceta, mas um servidor. Basílio demonstrava assim que, para estar perto de Deus, é preciso estar próximo dos pobres. O amor concreto era critério de santidade. Orar e cuidar, contemplar e curar, escrever e acolher — tudo era expressão do mesmo amor a Cristo.

55 No Ocidente, São Bento de Núrsia elaborou uma Regra que se tornaria a espinha dorsal da espiritualidade monástica europeia. Nela, o acolhimento dos pobres e dos peregrinos ocupa lugar de honra: "Mostre-se principalmente um cuidado solícito na recepção dos pobres e peregrinos, porque, sobretudo na pessoa desses, Cristo é recebido".[23] Não se tratava apenas de palavras: os mosteiros beneditinos foram, por séculos, lugares de refúgio para viúvas, crianças abandonadas, peregrinos e mendigos. Para Bento, a vida comunitária era uma escola de caridade. O trabalho manual não tinha apenas função prática, mas formava o coração para o serviço. A partilha entre os monges, a atenção aos doentes, a escuta dos mais frágeis preparavam para acolher Cristo que chega na pessoa do pobre e do estrangeiro. A hospitalidade monástica beneditina permanece até hoje sinal de uma Igreja que abre portas, que acolhe sem interrogar, que cura sem cobrar.

---

22. São Basílio Magno, *Regulae fusius tractatae*, 37, 1 (*Patrologia Graeca* 31, 1009 c-d).
23. São Bento de Núrsia, *Regula Benedicti*, 53, 15 (*Sources Chrétiennes* 182, 614).

56 Os mosteiros beneditinos, com o tempo, tornaram-se lugares que contrastavam com a cultura da exclusão. Os monges cultivavam a terra, produziam alimentos, preparavam remédios e ofereciam-nos, com simplicidade, aos mais necessitados. O seu trabalho silencioso foi fermento de uma nova civilização, onde os pobres não eram um problema a resolver, mas irmãos e irmãs a acolher. A regra da partilha, do trabalho comum e da assistência aos vulneráveis estruturava uma economia solidária, em contraste com a lógica da acumulação. O testemunho dos monges mostrava que a pobreza voluntária, longe de ser miséria, é caminho de liberdade e comunhão. Eles não apenas ajudavam os pobres: tornavam-se próximos deles, irmãos no mesmo Senhor. Nas celas e nos claustros, formava-se uma mística da presença de Deus nos pequenos.

57 Além da assistência material, os mosteiros desempenharam um papel fundamental na formação cultural e espiritual dos mais humildes. Em tempos de peste, guerra e fome, eram lugares onde o necessitado encontrava pão e remédio, mas também dignidade e palavra. Era ali que os órfãos eram educados, os aprendizes recebiam formação, e os camponeses eram instruídos em técnicas de agricultura e leitura. O saber era partilhado como dom e responsabilidade. O abade era, ao mesmo tempo, mestre e pai; e a escola monástica, lugar de libertação pela verdade. Pois, como escreve João Cassiano, o monge deve caracterizar-se pela "humildade de coração [...], que conduz não à ciência que incha, mas àquela que ilumina por meio da plenitude da caridade".[24] Ao formar consciências e transmitir sabedoria, os monges contribuíram para uma pedagogia cristã da inclusão. A cultura, marcada pela fé, era partilhada com simplicidade. O saber, quando iluminado pela caridade, torna-se serviço. Assim, a vida monástica revelava-se estilo de santidade e forma concreta de transformação da sociedade.

58 A tradição monástica ensina, portanto, que oração e caridade, silêncio e serviço, celas e hospitais, formam um

24. São João Cassiano, *Collationes XIV*, 10 (*Corpus Scriptorum Ecclesiasticorum Latinorum* 13, 410).

único tecido espiritual. O mosteiro é lugar de escuta e de ação, de adoração e de partilha. São Bernardo de Claraval, grande reformador do Cister, "reiterou com determinação a necessidade de uma vida sóbria e comedida, tanto à mesa como no vestuário e nos edifícios monásticos, recomendando o sustento e a atenção aos pobres".[25] Para ele, a compaixão não era uma escolha acessória, mas a estrada real do seguimento de Cristo. A vida monástica, portanto, quando fiel à sua vocação original, mostra que a Igreja só será plenamente Esposa do Senhor quando for também Irmã dos pobres. O claustro não é apenas refúgio do mundo, mas escola na qual se aprende a servi-lo melhor. Onde os monges abriram as suas portas aos pobres, a Igreja revelou, com humildade e firmeza, que a contemplação não exclui a misericórdia, mas exige-a como seu fruto mais puro.

Libertar os cativos

59 Desde os tempos apostólicos, a Igreja viu na libertação dos oprimidos um sinal do Reino de Deus. O próprio Jesus, ao iniciar a sua missão pública, proclamou: "O Espírito do Senhor está sobre mim, pois ele me ungiu para anunciar o Evangelho aos pobres: enviou-me para proclamar a liberdade aos presos" (Lc 4,18). Os primeiros cristãos, mesmo em condições precárias, rezavam e assistiam os irmãos presos, como testemunham os *Atos dos Apóstolos* (cf. 12,5; 24,23) e diversos escritos dos Padres. Essa missão libertadora prolongou-se ao longo dos séculos por meio de ações concretas, especialmente quando o drama da escravidão e do cativeiro marcou sociedades inteiras.

60 Entre o final do século XII e os primórdios do século XIII, quando muitos cristãos eram capturados no Mediterrâneo ou escravizados em guerras, surgiram duas ordens religiosas: a Ordem da Santíssima Trindade para a Redenção dos Cativos (Trini-

25. Bento XVI, *Catequese na Audiência Geral*, 21 de outubro de 2009.

tários), fundada por São João da Mata e São Félix de Valois, e a Ordem da Bem-Aventurada Virgem Maria das Mercês (Mercedários), fundada por São Pedro Nolasco com o apoio de São Raimundo de Penhaforte, dominicano. Essas comunidades de consagrados nasceram com o carisma específico de libertar os cristãos escravizados, colocando os seus bens à disposição[26] e, muitas vezes, oferecendo a própria vida em troca. Os Trinitários, com o lema *Gloria Tibi Trinitas et captivis libertas* (Glória a Ti, Trindade, e aos cativos liberdade), e os Mercedários, que acrescentam um quarto voto[27] aos votos religiosos de pobreza, obediência e castidade, testemunharam que a caridade pode ser heroica. A libertação dos cativos era expressão do amor trinitário: um Deus que liberta não só da escravidão espiritual, mas também da opressão concreta. O gesto de resgatar da escravidão e do cárcere é visto como prolongamento do sacrifício redentor de Cristo, cujo sangue é o preço do nosso resgate (cf. 1Cor 6,20).

61 A espiritualidade original destas Ordens estava profundamente enraizada na contemplação da Cruz. Cristo é por excelência o Redentor dos cativos, e a Igreja, seu Corpo, prolonga esse mistério no tempo.[28] Os religiosos não viam no resgate uma

26. Cf. Inocêncio III, *Bula Operante divinae dispositionis*, 2: "Todos os bens, de onde quer que licitamente provenham, os dividam em três partes iguais; e, enquanto duas partes serão suficientes, realizem com elas obras de misericórdia, junto a um moderado sustento de si mesmo e dos domésticos, que por necessidade estão a seu serviço. Porém, a terceira parte seja reservada para a redenção dos cativos por causa de sua fé em Cristo".

27. Cf. *Constituições da Ordem dos Mercedários*, n. 14: "Para cumprir essa missão, animados pela caridade, nos consagramos a Deus com um voto peculiar, chamado de Redenção, em virtude do qual prometemos dar a vida como Cristo a entregou por nós, se for necessário, para salvar os cristãos que se encontram em extremo perigo de perder sua fé, nas novas formas de cativeiro".

28. Cf. São João Batista da Conceição, *La regla de la Orden de la Santísima Trinidad*, XX, 1: "Nisto os pobres e cativos são semelhantes a Cristo, em quem são depositadas as penas do mundo [...]. A eles, esta santa Ordem da Santíssima Trindade convoca e convida a que venham beber da água do Salvador, o que quer dizer que, se Cristo suspenso na cruz foi redenção e salvação para os homens, a Ordem tomou esta redenção e a quer distribuir aos pobres e salvar e libertar aos cativos".

ação política ou econômica, mas um ato quase litúrgico, a oferenda sacramental de si mesmos. Muitos entregaram os seus próprios corpos para substituir prisioneiros, cumprindo literalmente o mandamento: "Ninguém tem maior amor do que aquele que dá a própria vida por seus amigos" (Jo 15,13). A tradição destas Ordens não cessou. Pelo contrário, inspirou novas formas de ação diante das escravidões modernas: o tráfico de pessoas, o trabalho forçado, a exploração sexual, as diversas formas de dependência.[29] A caridade cristã, quando encarnada, torna-se libertadora. E a missão da Igreja, quando fiel ao seu Senhor, é sempre proclamar a libertação. Ainda em nossos dias, nos quais "milhões de pessoas — crianças, homens e mulheres de todas as idades — são privadas da liberdade e constrangidas a viver em condições semelhantes às da escravidão",[30] essa herança é continuada por essas Ordens e por outras instituições e congregações que atuam em periferias urbanas, zonas de conflito e corredores de migração. Quando a Igreja se inclina para quebrar as novas correntes que prendem os pobres, ela se torna sinal da Páscoa.

62 Não se pode concluir esta reflexão sobre os privados de liberdade sem fazer menção aos encarcerados nos diversos centros penitenciários e de detenção. A esse respeito, recordam-se as palavras que o Papa Francisco dirigiu a um grupo deles: "Para mim, entrar em uma penitenciária é sempre um momento importante, porque o presídio é um lugar de grande humanidade [...]. De uma humanidade provada, às vezes exausta pelas dificuldades, sentimentos de culpa, julgamentos, incompreensões e sofrimento, mas ao mesmo tempo repleta de força, de desejo de perdão, de vontade de redenção".[31] Essa vontade que, entre outras, foi assumida também pelas Ordens redentoras como um serviço prefe-

---

29. Cf. São João Batista da Conceição, *El recogimiento interior*, XL, 4: "O livre arbítrio faz do homem livre e senhor entre todas as criaturas, mas, valha-me Deus!, quantos são os que, por esse caminho, tornam-se escravos e cativos do demônio, presos e acorrentados por suas paixões e concupiscências".

30. Francisco, *Mensagem para a celebração do 48º Dia Mundial da Paz*, 3.

31. Francisco, *Visita a Verona: o Santo Padre saúda os agentes penitenciários, os detentos e os voluntários*, 18 de maio de 2024.

rencial à Igreja. Como proclamava São Paulo: "É para a liberdade que Cristo nos libertou" (Gl 5,1). E essa liberdade não é apenas interior: ela se manifesta na história como amor que cuida e liberta de todas as amarras.

Testemunhas da pobreza evangélica

63 No século XIII, diante do crescimento das cidades, da concentração de riquezas e do surgimento de novas formas de pobreza, o Espírito Santo suscitou na Igreja um novo tipo de consagração: as Ordens mendicantes. Ao contrário do modelo monástico estável, os mendicantes adotaram uma vida itinerante, sem propriedade pessoal ou comunitária, inteiramente confiada à Providência. Não apenas serviam os pobres: tornavam-se pobres com eles. Encaravam a cidade como novo deserto, e os marginalizados como novos mestres espirituais. Essas Ordens, como os Franciscanos, os Dominicanos, os Agostinianos e os Carmelitas, representaram uma revolução evangélica, na qual o estilo de vida simples e pobre se converte em sinal profético para a missão, revivendo a experiência da primeira comunidade cristã (cf. At 4,32). O testemunho dos mendicantes desafiava tanto a opulência clerical quanto a frieza da sociedade urbana.

64 São Francisco de Assis tornou-se o ícone dessa primavera espiritual. Tomando por esposa a pobreza, quis imitar Cristo pobre, nu e crucificado. Em sua Regra, pede aos irmãos que "não tenham propriedade sobre coisa alguma, nem sobre casa, nem lugar, nem outra coisa qualquer; mas, como peregrinos e viandantes que neste mundo servem ao Senhor em pobreza e humildade, peçam esmolas com confiança; disso não se devem envergonhar, porque o Senhor se fez pobre por nós, neste mundo".[32] A sua vida foi um contínuo despojamento: do palácio ao leproso, da eloquência ao silêncio, da posse ao dom total. Francisco não

32. Honório III, *Bula Solet annuere – Regula bullata*, cap. VI (*Sources Chrétiennes* 285, 192).

fundou um serviço social, mas uma fraternidade evangélica. Entre os pobres, via irmãos e imagens vivas do Senhor. A sua missão era estar com eles, por uma solidariedade que superava as distâncias, por um amor compassivo. A sua pobreza era relacional: levava-o a fazer-se próximo, igual, na verdade, menor. A sua santidade brotava da convicção de que só se recebe verdadeiramente a Cristo na entrega generosa de si mesmo aos irmãos.

65 Santa Clara de Assis, inspirada por Francisco, fundou a Ordem das Damas Pobres, depois chamadas Clarissas. A sua luta espiritual consistiu em manter fielmente o ideal da pobreza radical. Recusou privilégios pontifícios que poderiam proporcionar segurança material ao seu mosteiro e, com firmeza, obteve do Papa Gregório IX o chamado *Privilegium Paupertatis*, garantindo o direito de viver sem a posse de qualquer bem material.[33] Essa opção expressava a confiança total em Deus, e a consciência de que a pobreza voluntária era forma de liberdade e profecia. Clara ensinava às suas irmãs que Cristo era a sua única herança e que nada devia obscurecer a comunhão com Ele. A sua vida orante e escondida foi um grito contra o mundanismo e uma defesa silenciosa dos pobres e esquecidos.

66 São Domingos de Gusmão, contemporâneo de Francisco, fundou a Ordem dos Pregadores com outro carisma, mas a mesma radicalidade. Desejava anunciar o Evangelho com a autoridade que brota de uma vida pobre, convencido de que a Verdade precisa de testemunhas coerentes. O exemplo da pobreza de vida acompanhava a Palavra pregada. Livres do peso dos bens terrenos, os frades dominicanos podiam dedicar-se melhor à sua obra principal, ou seja, à pregação. Dirigiam-se às cidades, sobretudo àquelas universitárias, para ensinar a verdade de Deus.[34] Ao de-

33. Cf. Gregório IX, *Bula Sicut manifestum est*, 7 (*Sources Chrétiennes* 325, 200): "Sicut igitur supplicastis, altissimae paupertatis propositum vestrum favore apostolico roboramus, auctoritate vobis praesentium indulgentes, ut recipere possessiones a nullo compelli possitis".

34. Cf. S. Tugwell (ed.), *Early Dominicans*: Selected Writings, 16-19.

penderem dos outros, demonstravam que a fé não se impõe, mas se oferece. E, ao viverem entre os pobres, aprendiam a verdade do Evangelho "de baixo", como discípulos do Cristo humilhado.

67 As Ordens mendicantes foram, assim, resposta viva à exclusão e à indiferença. Não propuseram expressamente reformas sociais, mas uma conversão pessoal e comunitária à lógica do Reino. A pobreza, nelas, não era resultado da escassez de bens, mas uma escolha livre: fazer-se pequeno para acolher o pequeno. Como disse Tomás de Celano sobre Francisco: "Passou a ser o maior amigo dos pobres [...], despiu-se para vestir os pobres, procurando assemelhar-se a eles".[35] Os mendicantes tornaram-se sinal de uma Igreja peregrina, humilde e fraterna, que vive entre os pobres não por estratégia proselitista, mas por identidade. Eles ensinam que a Igreja é luz quando se despoja de tudo e que a santidade passa por um coração humilde e dedicado aos pequenos.

A Igreja e a instrução dos pobres

68 Dirigindo-se a alguns educadores, o Papa Francisco recordava que a educação sempre foi uma das expressões mais altas da caridade cristã: "A vossa é uma missão cheia de obstáculos, mas também de alegrias [...]. Uma missão de amor, porque não se pode ensinar sem amar".[36] Nesse sentido, desde os primeiros tempos, os cristãos compreenderam que o saber liberta, dignifica e aproxima da verdade. Ensinar os pobres era, para a Igreja, um ato de justiça e fé. Inspirada no exemplo do Mestre que ensinava ao povo as verdades divinas e humanas, a Igreja assumiu como missão formar as crianças e os jovens, especialmente os mais pobres, na verdade e no amor. Essa missão ganhou corpo com a fundação de Congregações voltadas à educação popular.

---

35. Tomás de Celano, *Vita Secunda – pars prima*, cap. IV, 8 (*Analecta Franciscana* 10, 135).

36. Francisco, *Discurso comemorativo por ocasião da visita ao túmulo do padre Lorenzo Milani*.

69 No final do século XVI, São José de Calasanz, impressionado pela falta de instrução e formação dos jovens pobres da cidade de Roma, deu vida à primeira escola pública popular e gratuita da Europa, em algumas salas contíguas à Igreja de Santa Doroteia, no bairro Trastevere. Era a semente da qual nasceria e se desenvolveria, não sem dificuldades, a Ordem dos Clérigos Regulares Pobres da Madre de Deus das Escolas Pias — cujos membros são mais conhecidos como Padres Escolápios —, com o objetivo de transmitir aos jovens "além da ciência profana, também a sabedoria do Evangelho, ensinando-lhes a captar, nas vicissitudes pessoais e na história, a ação amorosa de Deus Criador e Redentor".[37] Com efeito, podemos considerar esse corajoso sacerdote como "o verdadeiro fundador da moderna escola católica, que visa à formação integral do homem e está aberta a todos".[38] Animado pela mesma sensibilidade, no século XVII, São João Batista de La Salle, percebendo a injustiça causada pela exclusão dos filhos dos operários e camponeses do sistema educacional da França do seu tempo, fundou os Irmãos das Escolas Cristãs, com o ideal de oferecer-lhes ensino gratuito, formação sólida e ambiente fraterno. La Salle via na sala de aula um espaço de promoção humana, mas também de conversão. Os seus colégios uniam oração, método, disciplina e partilha. Cada criança era considerada um dom único de Deus, e o ato de ensinar, um serviço ao Reino de Deus.

70 Já no século XIX, também na França, São Marcelino Champagnat funda o Instituto dos Irmãos Maristas das Escolas, "sensível às necessidades espirituais e educativas da sua época, sobretudo a ignorância religiosa e as situações de abandono vividas em particular pela juventude",[39] dedicando-se com todo o afinco, em um período em que o acesso à educação continuava a ser um privilégio de poucos, à missão de educar e evange-

37. São João Paulo II, *Discurso aos participantes no 44º Capítulo Geral dos Padres das Escolas Pias*, 2.

38. São João Paulo II, *Discurso aos participantes no 44º Capítulo Geral dos Padres das Escolas Pias*, 2.

39. São João Paulo II, *Homilia durante a Santa Missa de Canonização*, 18 de abril de 1999.

lizar crianças e jovens, especialmente os mais necessitados. Com o mesmo espírito, na Itália, São João Bosco iniciou a grande obra Salesiana, fundamentada sobre os três princípios do "Método preventivo" — razão, religião e amabilidade (IP, n. 9) — e o Beato Antônio Rosmini fundou o Instituto da Caridade, no qual a "caridade intelectual" — junto à "material" e tendo como ápice a "espiritual-pastoral" —, era apresentada como dimensão indispensável para qualquer ação caritativa que buscasse o bem e o desenvolvimento integral da pessoa.[40]

71 Muitas Congregações femininas também foram protagonistas dessa revolução pedagógica. As Ursulinas, a Ordem da Companhia de Maria Nossa Senhora, as Mestras Pias e tantas outras, fundadas especialmente no século XVIII e XIX, ocuparam espaços onde o Estado era ausente. Criaram escolas nos pequenos vilarejos, nas zonas de periferia e nos bairros operários. A educação das meninas, em especial, tornou-se prioridade. As religiosas alfabetizavam, evangelizavam, tratavam das questões práticas da vida cotidiana, elevavam o espírito pelo cultivo das artes e, sobretudo, formavam consciências. A pedagogia era simples: proximidade, paciência, doçura. Ensinavam com a vida, antes das palavras. Em tempos de analfabetismo generalizado e exclusão estrutural, essas mulheres consagradas foram faróis de esperança. A sua missão era formar o coração, ensinar a pensar, fazer florescer a dignidade. Unindo vida de piedade e dedicação ao próximo, resistiam ao abandono com a ternura de quem educa em nome de Cristo.

72 A educação dos pobres, para a fé cristã, não é um favor, mas um dever. Os pequenos têm direito à sabedoria, como exigência básica do reconhecimento da dignidade humana. Ensinar-lhes é reconhecer o seu valor, dando-lhes instrumentos para transformar a sua realidade. A Tradição cristã entende que o saber é dom de Deus e responsabilidade comunitária. O ensino cristão forma não apenas profissionais, mas pessoas abertas ao bem, ao

40. Cf. Francisco, *Discurso aos participantes no Capítulo Geral do Instituto de Caridade – Rosminianos*, 1º de outubro de 2018.

belo e à verdade. Sendo assim, a escola católica, quando fiel ao seu nome, torna-se espaço de inclusão, de formação integral e de promoção humana; conjugando fé e cultura, semeia-se futuro, honra-se a imagem de Deus e constrói-se uma sociedade melhor.

Acompanhar os migrantes

73 A experiência da migração acompanha a história do povo de Deus. Abraão parte sem saber para onde vai; Moisés conduz um povo peregrino pelo deserto; Maria e José fogem com o Menino para o Egito. O próprio Cristo, que "veio para o que era seu, mas os seus não o receberam" (Jo 1,11), viveu entre nós como estrangeiro. Por isso, a Igreja sempre reconheceu nos migrantes uma presença viva do Senhor que dirá, no dia do juízo, aos que estiverem à sua direita: "eu era forasteiro, e me recebestes" (Mt 25,35).

74 No século XIX, quando milhões de europeus emigravam em busca de melhores condições de vida, dois grandes santos se destacaram no cuidado pastoral dos migrantes: São João Batista Scalabrini e Santa Francisca Xavier Cabrini. Scalabrini, bispo de Piacenza, fundou os Missionários de São Carlos para acompanhar os migrantes nas suas comunidades de destino, oferecendo-lhes assistência espiritual, jurídica e material. Nos migrantes viu destinatários de uma nova evangelização, alertando para os riscos da exploração e da perda da fé em terra estrangeira. Correspondendo com generosidade ao carisma que o Senhor lhe tinha concedido, "Scalabrini olhava mais além, olhava lá para diante, para um mundo e uma Igreja sem barreiras, sem estrangeiros".[41] Santa Francisca Cabrini, nascida na Itália e naturalizada estadunidense, tornou-se a primeira cidadã dos Estados Unidos a ser canonizada. Para cumprir a sua missão de atender aos migrantes, cruzou o Atlântico diversas vezes, e "armada de singular audácia, partindo do nada, iniciou escolas, hospitais, orfanatos para a multidão de deserdados

---

41. Francisco, *Homilia na Santa Missa e Canonização*, 9 de outubro de 2022.

que se aventuraram no novo mundo em busca de trabalho, desprovidos do conhecimento da língua e de meios capazes de lhes permitir uma decorosa inserção na sociedade americana, e muitas vezes vítimas de pessoas sem escrúpulos. O seu coração materno, irrequieto, ia ao encontro deles em todas as partes: nos tugúrios, nos cárceres, nas minas".[42] No Ano Santo de 1950, o Papa Pio XII proclamou-a Padroeira de todos os migrantes (cf. SIA).

75 A tradição da atividade da Igreja junto aos migrantes prosseguiu e hoje esse serviço se expressa em iniciativas como os centros de acolhimento para refugiados, as missões nas fronteiras, e os esforços de *Caritas Internationalis* e de outras instituições. O Magistério contemporâneo reafirma com clareza este compromisso. O Papa Francisco recordava que a missão da Igreja junto aos migrantes e refugiados era ainda mais ampla, insistindo que "a resposta ao desafio colocado pelas migrações contemporâneas pode resumir-se em quatro verbos: acolher, proteger, promover e integrar. Mas estes verbos não valem apenas para os migrantes e os refugiados; exprimem a missão da Igreja a favor de todos os habitantes das periferias existenciais, que devem ser acolhidos, protegidos, promovidos e integrados".[43] E acrescentava: "Todo ser humano é um filho de Deus! Nele está impressa a imagem de Cristo! Trata-se, então, de o vermos, nós, em primeiro lugar, e de ajudar os outros a verem no migrante e no refugiado não só um problema para lidar, mas um irmão e uma irmã a serem acolhidos, respeitados e amados; trata-se de uma oportunidade que a Providência nos oferece para contribuir na construção de uma sociedade mais justa, de uma democracia mais completa, de um país mais inclusivo, de um mundo mais fraterno e de uma comunidade cristã mais aberta, de acordo com o Evangelho".[44] A Igreja, como mãe, caminha com os que caminham. Onde o mundo vê ameaça, ela vê

42. São João Paulo II, *Mensagem à Congregação das Missionárias do Sagrado Coração*, 31 de maio de 2000, n. 3.

43. Francisco, *Mensagem para o 105º Dia Mundial do Migrante e do Refugiado*, 27 de maio de 2019.

44. Francisco, *Mensagem para o 100º Dia Mundial do Migrante e do Refugiado*, 5 de agosto de 2013.

filhos; onde se erguem muros, ela constrói pontes. Pois sabe que o Evangelho só é crível quando se traduz em gestos de proximidade e de acolhimento; e que, em cada migrante rejeitado, é o próprio Cristo que bate às portas da comunidade.

Ao lado dos últimos

76 A santidade cristã floresce, com frequência, nos lugares mais esquecidos e feridos da humanidade. Os mais pobres entre os pobres — que não apenas carecem de bens, mas também de voz e do reconhecimento da sua dignidade — ocupam um lugar especial no coração de Deus. São os preferidos do Evangelho, os herdeiros do Reino (cf. Lc 6,20). É neles que Cristo continua a sofrer e a ressuscitar. É neles que a Igreja reencontra o chamamento a mostrar a sua realidade mais autêntica.

77 Santa Teresa de Calcutá, canonizada em 2016, tornou-se ícone universal da caridade vivida até o extremo em favor dos mais indigentes, descartados pela sociedade. Fundadora das Missionárias da Caridade, dedicou a sua vida aos moribundos abandonados nas ruas da Índia. Recolhia os rejeitados, lavava as suas feridas, acompanhava-os até o momento da morte com uma ternura que era prece. O seu amor pelos mais pobres entre os pobres fazia com que se ocupasse não somente de os atender em suas necessidades materiais, mas também de lhes anunciar a Boa-Nova do Evangelho: “Queremos proclamar a Boa-Nova aos pobres de que Deus os ama, de que nós os amamos, de que eles são alguém para nós, de que eles foram criados pela mesma mão amorosa de Deus, para amar e ser amados. Os nossos pobres são ótimas pessoas, pessoas muito amáveis, eles não necessitam da nossa pena ou compaixão, eles precisam do nosso amor compreensivo. Eles precisam do nosso respeito; eles precisam que os tratemos com dignidade”.[45] Tudo isso nascia de uma profunda espiritualidade que

45. Santa Teresa de Calcutá, Discurso de aceitação do Prêmio Nobel da Paz. *In*: Santa Teresa de Calcutá, *Aimer jusqu'à en avoir mal*, 19-20.

via o serviço aos mais pobres como fruto da oração e do amor, gerador da verdadeira paz, como recordava o Papa João Paulo II aos peregrinos vindos a Roma para a sua beatificação: "Onde foi que Madre Teresa encontrou a força para se dedicar completamente ao serviço do próximo? Encontrou-a na oração e na contemplação silenciosa de Jesus Cristo, do seu Santo Rosto, do seu Sagrado Coração. Ela mesma o disse: 'O fruto do silêncio é a oração; o fruto da oração é a fé; o fruto da fé é o amor; o fruto do amor é o serviço, o fruto do serviço é a paz' [...] Era uma oração que enchia o seu coração com a paz de Cristo e lhe permitia irradiar essa paz aos outros".[46] Teresa não se considerava filantropa nem ativista, mas esposa de Cristo crucificado, a quem servia com amor total nos irmãos sofredores.

78 No Brasil, Santa Dulce dos Pobres — conhecida como o "anjo bom da Bahia" — encarnou o mesmo espírito evangélico com feições brasileiras. Referindo-se a ela e a outras duas religiosas canonizadas na mesma celebração, o Papa Francisco recordava o amor que professavam aos mais marginalizados da sociedade e afirmava que as novas Santas "mostram-nos que a vida religiosa é um caminho de amor nas periferias existenciais do mundo".[47] Irmã Dulce enfrentou a precariedade com criatividade, os obstáculos com ternura, a carência com fé inabalável. Começou acolhendo doentes em um galinheiro, e dali fundou uma das maiores obras sociais do país. Atendia milhares de pessoas por dia, sem jamais perder a doçura. Fez-se pobre com os pobres por amor ao sumamente Pobre. Vivia com pouco, rezava com fervor e servia com alegria. A sua fé não a retirava do mundo, mas lançava-a ainda mais profundamente nas dores dos últimos.

79 Poderiam ser lembrados também São Bento Menni e as Irmãs Hospitaleiras do Sagrado Coração de Jesus auxiliando as pessoas com deficiências de desenvolvimento; São Charles

---

46. São João Paulo II, *Discurso aos peregrinos vindos a Roma para a Beatificação de Madre Teresa de Calcutá*, 20 de outubro de 2003, n. 3.

47. Francisco, *Homilia na Santa Missa e Canonização*, 13 de outubro de 2019.

de Foucauld entre as comunidades do Saara; Santa Katharine Drexel junto dos grupos menos favorecidos na América do Norte; Irmã Emmanuelle com os catadores de lixo no bairro Ezbet El Nakhl na cidade do Cairo; e muitíssimos outros. Cada um, à sua maneira, descobriu que os mais pobres não são mero objeto da nossa compaixão, mas mestres do Evangelho. Não se trata de lhes "levar Deus", mas de encontrá-Lo ali. Todos esses exemplos ensinam que servir aos pobres não é um gesto de cima para baixo, mas um encontro de igual para igual, onde Cristo é revelado e adorado. São João Paulo II nos recordava de que "há na pessoa dos pobres uma especial presença de Cristo, obrigando a Igreja a uma opção preferencial por eles" (NMI, n. 49). A Igreja, portanto, quando se curva até o chão para cuidar dos pobres, assume a sua postura mais elevada.

Movimentos populares

80 Ao longo dos séculos da história cristã, devemos igualmente reconhecer que a ajuda aos pobres e a luta pelos seus direitos não envolveu apenas indivíduos, algumas famílias, instituições ou comunidades religiosas. Houve, e há, vários movimentos populares, constituídos por leigos e conduzidos por líderes populares, colocados sob suspeita muitas vezes e até perseguidos. Refiro-me a um "conjunto de pessoas que não caminham como indivíduos, mas como rede de uma comunidade de todos e para todos, que não pode deixar que os pobres e os mais fracos fiquem para trás [...]. Os líderes populares, então, são aqueles que têm a capacidade de incorporar todos [...]. Não têm nojo, nem medo dos jovens feridos e crucificados" (ChV, n. 231).

81 Esses líderes populares sabem que a solidariedade consiste também em "lutar contra as causas estruturais da pobreza, a desigualdade, a falta de trabalho, de terra e de casa, a negação dos direitos sociais e laborais. É fazer face aos efeitos destruidores do império do dinheiro [...]. A solidariedade, entendida no seu sentido mais profundo, é uma forma de fazer história e é isso que

os movimentos populares fazem".[48] Por essa razão, quando as diferentes instituições pensam nas necessidades dos pobres, é necessário "que incluam os movimentos populares e animem as estruturas de governo locais, nacionais e internacionais com aquela torrente de energia moral que nasce da integração dos excluídos na construção do destino comum".[49] Com efeito, os movimentos populares convidam a superar "aquela ideia das políticas sociais concebidas como uma política para os pobres, mas nunca com os pobres, nunca dos pobres e muito menos inserida em um projeto que reúna os povos".[50] Se os políticos e os profissionais não os ouvirem, "a democracia atrofia-se, torna-se um nominalismo, uma formalidade, perde representatividade, vai se desencantando, porque deixa de fora o povo na sua luta diária pela dignidade, na construção do seu destino".[51] O mesmo se deve dizer das instituições da Igreja.

48. Francisco, *Discurso aos participantes no Encontro Mundial dos Movimentos Populares*, 28 de outubro de 2014.

49. Francisco, *Discurso aos participantes no Encontro Mundial dos Movimentos Populares*, 28 de outubro de 2014.

50. Francisco, *Discurso aos participantes no 3º Encontro Mundial dos Movimentos Populares*, 5 de novembro de 2016.

51. Francisco, *Discurso aos participantes no 3º Encontro Mundial dos Movimentos Populares*, 5 de novembro de 2016.

Capítulo IV

Uma história que continua

O século da Doutrina Social da Igreja

82 A acelerada transformação tecnológica e social dos últimos dois séculos, cheia de trágicas contradições, não foi apenas sofrida pelos pobres, mas também por eles enfrentada e pensada. Os movimentos de trabalhadores, mulheres e jovens, assim como a luta contra a discriminação racial levaram a uma nova consciência da dignidade daqueles que estão à margem. Também a contribuição da Doutrina Social da Igreja tem em si essa raiz popular que não se pode esquecer: seria inimaginável a releitura da Revelação cristã nas modernas circunstâncias sociais, laborais, econômicas e culturais sem leigos cristãos envolvidos com os desafios do seu tempo. Ao seu lado, atuaram religiosas e religiosos, testemunhas de uma Igreja em saída dos caminhos já percorridos. A mudança de época que enfrentamos hoje torna ainda mais necessária a interação contínua entre batizados e Magistério, entre cidadãos e peritos, entre povo e instituições. Em particular, é preciso reconhecer novamente que a realidade se vê melhor a partir das periferias e que os pobres são sujeitos de uma inteligência específica, indispensável à Igreja e à humanidade.

83 O Magistério dos últimos cento e cinquenta anos oferece um verdadeiro tesouro de ensinamentos sobre os pobres. Desse modo, os Bispos de Roma fizeram-se voz de novas consciências, passadas pelo crivo do discernimento eclesial. Por exemplo,

na Carta encíclica *Rerum novarum* (1891), Leão XIII abordou a questão do trabalho, expondo a situação intolerável de muitos operários da indústria e propondo o estabelecimento de uma ordem social justa. Nessa linha se manifestaram também outros Pontífices. Com a Encíclica *Mater et Magistra* (1961), São João XXIII fez-se promotor de uma justiça de dimensões mundiais: os países ricos não podiam permanecer indiferentes face aos países oprimidos pela fome e pela miséria, mas eram chamados a socorrê-los generosamente com todos os seus bens.

84 O Concílio Vaticano II representa uma etapa fundamental no discernimento eclesial sobre os pobres, à luz da Revelação. Embora nos documentos preparatórios esse tema fosse secundário, São João XXIII chamou a atenção para ele na Radiomensagem de 11 de setembro de 1962, a um mês da abertura do Concílio, com palavras inesquecíveis: "a Igreja se apresenta como ela é e como quer ser: como a Igreja de todos, e especialmente a Igreja dos pobres".[1] Houve, então, o grande trabalho de Bispos, teólogos e peritos preocupados com a renovação da Igreja — com apoio do próprio São João XXIII — que reorientou o Concílio. É fundamental a natureza cristocêntrica, isto é, doutrinal e não apenas social, dessa reflexão. Efetivamente, numerosos Padres conciliares favoreceram a consolidação da consciência, bem expressa pelo cardeal Lercaro na sua intervenção memorável de 6 de dezembro de 1962, de que "o mistério de Cristo na Igreja sempre foi e continua sendo — e hoje de modo especial — o mistério de Cristo presente nos pobres"[2] e de que "não se trata de um tema qualquer, mas, em certo sentido, é o único tema de todo o Vaticano II".[3] O Arcebispo de Bolonha, preparando o texto dessa intervenção, anotava: "Esta é a hora dos pobres, dos milhões de po-

1. São João XXIII, *Radiomensagem a todos os fiéis do mundo a um mês da abertura do Concílio Ecumênico Vaticano II*, 11 de setembro de 1962.

2. G. Lercaro, *Intervenção na XXXV Congregação Geral do Concílio Ecumênico Vaticano II*, 2 (*Acta Synodalia* I, pars IV, p. 327-328).

3. G. Lercaro, *Intervenção na XXXV Congregação Geral do Concílio Ecumênico Vaticano II*, 4 (*Acta Synodalia* I, pars IV, p. 329).

bres que estão em toda a terra, esta é a hora do mistério da Igreja mãe dos pobres, esta é a hora do mistério de Cristo, sobretudo no pobre".[4] Desse modo, apresentava-se a necessidade de uma nova forma eclesial, mais simples e sóbria, que envolvesse todo o Povo de Deus e a sua figura histórica. Uma Igreja mais parecida com o seu Senhor do que com os poderes mundanos, propensa a estimular em toda a humanidade um compromisso concreto para a solução do grande problema da pobreza no mundo.

85 São Paulo VI, por ocasião da abertura da segunda sessão do Concílio, retomou o tema levantado pelo seu predecessor, ou seja, que a Igreja olha com particular interesse "para os pobres, para os necessitados, para os aflitos, para os famintos, os que sofrem, os encarcerados, os que têm fome; isto é, olha para toda a humanidade que sofre e chora, pois a Igreja sabe que esta lhe pertence, por direito evangélico".[5] Na Audiência Geral de 11 de novembro de 1964, ele sublinhou que "o pobre é representante de Cristo" e, associando a imagem do Senhor nos últimos à que se manifesta no Papa, afirmou: "A representação de Cristo no pobre é universal, todo o pobre reflete Cristo; a do Papa é pessoal. [...] O pobre e Pedro podem coincidir, podem ser a mesma pessoa, revestida de uma dupla representação: a da pobreza e a da autoridade".[6] Desse modo, o vínculo intrínseco entre a Igreja e os pobres ficava simbolicamente expresso com uma clareza inédita.

86 Na Constituição pastoral *Gaudium et Spes*, o Concílio, atualizando a herança dos Padres da Igreja, reafirmou com força a destinação universal dos bens da terra e a função social da propriedade que dela deriva: "Deus destinou a terra, com tudo que ela contém, para uso de todos os homens e povos, de forma que os bens criados devem chegar equitativamente a todos. [...]

4. Istituto per le Scienze Religiose (ed.), *Per la forza dello Spirito: Discorsi conciliari del Card. Giacomo Lercaro*, 115.

5. São Paulo VI, *Discurso na solene inauguração da II sessão do Concílio Ecumênico Vaticano II*, 29 de setembro de 1963.

6. São Paulo VI, *Catequese na Audiência Geral*, 11 de novembro de 1964.

Por essa razão, usando aqueles bens, o homem que legitimamente possui as coisas materiais não deve considerá-las só como suas, no sentido que devem ser úteis não somente a ele, mas também aos outros. Ademais, todos têm o direito de ter uma parte dos bens suficientes para si e para suas famílias. [...] Porém, aquele que se encontra em extrema necessidade tem o direito de procurar o necessário para si das riquezas dos outros. [...] No entanto, a própria propriedade privada, por sua natureza, tem também uma função social, que se fundamenta na lei da destinação comum dos bens. Negligenciando-se essa função social, muitas vezes a propriedade pode tornar-se ocasião de cobiças e graves perturbações" (GS, n. 69.71). Essa convicção é reafirmada por São Paulo VI na Encíclica *Populorum Progressio*, em que lemos que ninguém pode considerar-se com o "direito de reservar para seu uso exclusivo aquilo que é supérfluo, quando a outros falta o necessário" (PP, n. 23). No seu discurso à ONU, o Papa Montini apresentou-se como o advogado dos povos pobres (cf. PP, n. 4), instando a comunidade internacional a construir um mundo solidário.

87 Com São João Paulo II, consolida-se, pelo menos no âmbito doutrinário, a relação preferencial da Igreja com os pobres. Com efeito, o seu magistério reconheceu que a opção pelos pobres é uma "forma especial de primado na prática da caridade cristã, testemunhada por toda a Tradição da Igreja" (SRS, n. 42). Na Encíclica *Sollicitudo Rei Socialis*, também escreve que hoje, dada a dimensão mundial que a questão social assumiu, "este amor preferencial, com as decisões que ele nos inspira, não pode deixar de abranger as imensas multidões de famintos, de mendigos, sem-teto, sem assistência médica e, sobretudo, sem esperança de um futuro melhor: não se pode deixar de ter em conta a existência destas realidades. Ignorá-las significaria tornar-nos como o 'rico epulão', que fingia não conhecer o pobre Lázaro, que jazia ao seu portão (cf. Lc 16,19-31)" (SRS, n. 42). O seu ensinamento sobre o trabalho adquire especial relevância quando nos propomos pensar no papel ativo dos pobres na renovação da Igreja e da sociedade, deixando para trás o paternalismo da mera assistência às suas imediatas necessidades. Na Encíclica *Laborem Exercens*, ele afirma

que “o trabalho humano é uma chave, provavelmente a chave essencial, de toda a questão social” (LE, n. 3).

88 Diante das múltiplas crises que assinalaram o início do terceiro milênio, a leitura de Bento XVI torna-se mais marcadamente política. Assim, na Carta Encíclica *Caritas in Veritate*, afirma que “ama-se tanto mais eficazmente o próximo, quanto mais se trabalha em prol de um bem comum que dê resposta também às suas necessidades reais” (CV, n. 7). Além disso, observa que “a fome não depende tanto de uma escassez material, como sobretudo da escassez de recursos sociais, o mais importante dos quais é de natureza institucional; isto é, falta um sistema de instituições econômicas que seja capaz de garantir um acesso regular e adequado do ponto de vista nutricional, à alimentação e à água e também de enfrentar as carências relacionadas com as necessidades primárias e com a emergência de reais e verdadeiras crises alimentares provocadas por causas naturais ou pela irresponsabilidade política nacional e internacional” (CV, n. 27).

89 O Papa Francisco reconheceu como, nas últimas décadas, além do magistério dos Bispos de Roma, também se tornaram cada vez mais frequentes as tomadas de posição por parte das Conferências Episcopais nacionais e regionais sobre esse tema. Ele mesmo, por exemplo, pôde testemunhar pessoalmente o empenho particular do episcopado latino-americano em repensar a relação da Igreja com os pobres. No pós-Concílio, em quase todos os países da América Latina, sentiu-se com muita força a identificação da Igreja com os pobres e a participação ativa na sua redenção. Era o próprio coração da Igreja que se movia diante de tantos pobres afligidos pelo desemprego, subemprego e salários miseráveis, obrigados a viver em condições deploráveis. O martírio de Santo Óscar Romero, Arcebispo de San Salvador, foi ao mesmo tempo um testemunho e uma exortação viva para a Igreja. Ele sentia como próprio o drama da grande maioria dos seus fiéis, fazendo deles o centro da sua opção pastoral. As Conferências do Episcopado Latino-Americano em Medellín, Puebla, Santo Domingo e Aparecida constituem etapas significativas também para

toda a Igreja. Eu mesmo, missionário no Peru durante tantos anos, devo muito a esse caminho de discernimento eclesial, que o Papa Francisco com sabedoria soube unir ao de outras Igrejas particulares, especialmente do chamado Sul global. Gostaria, agora, de retomar dois temas específicos deste magistério episcopal.

Estruturas de pecado que criam pobreza e desigualdades extremas

90 Em Medellín, os Bispos se pronunciaram a favor da opção preferencial pelos pobres: "Cristo, nosso Salvador, não só amou aos pobres, mas também, 'sendo rico se fez pobre', viveu na pobreza, centralizando sua missão no anúncio da libertação aos pobres e fundou sua Igreja como sinal dessa pobreza entre os homens. [...] A pobreza de tantos irmãos clama por justiça, solidariedade, testemunho, compromisso, esforço e superação para o cumprimento pleno da missão salvífica confiada por Cristo" (DMd, 14, n. 7). Os Bispos afirmaram com veemência que a Igreja, para ser plenamente fiel à sua vocação, não deve apenas compartilhar a condição dos pobres, mas colocar-se também ao lado deles e empenhar-se ativamente pela sua promoção integral. A Conferência de Puebla, diante do agravamento da miséria na América Latina, confirmou a decisão de Medellín com uma opção franca e profética a favor dos pobres e qualificou as estruturas de injustiça como "pecado social".

91 A caridade é uma força que muda a realidade, um autêntico poder histórico de transformação. Essa é a fonte da qual deve nutrir-se todo o compromisso para "resolver as causas estruturais da pobreza" (EG, n. 202) e para fazer isso com urgência. Espero, portanto, que "cresça o número de políticos capazes de entrar em um autêntico diálogo que vise efetivamente a sanar as raízes profundas e não a aparência dos males do nosso mundo" (EG, n. 205), porque "trata-se de ouvir o clamor de povos inteiros, dos povos mais pobres da terra" (EG, n. 190).

92 É necessário, portanto, continuar a denunciar a "ditadura de uma economia que mata" e reconhecer que "enquanto os lucros de poucos crescem exponencialmente, os da maioria situam-se cada vez mais longe do bem-estar daquela minoria feliz. Tal desequilíbrio provém de ideologias que defendem a autonomia absoluta dos mercados e a especulação financeira. Por isso, negam o direito de controle dos Estados, encarregados de velar pela tutela do bem comum. Instaura-se uma nova tirania invisível, às vezes virtual, que impõe, de forma unilateral e implacável, as suas leis e as suas regras" (EG, n. 56). Embora não faltem diversas teorias que tentam justificar o estado atual das coisas ou explicar que a racionalidade econômica nos exige esperar que as forças invisíveis do mercado resolvam tudo, a dignidade de cada pessoa humana deve ser respeitada já agora, não só amanhã, e a situação de miséria de tantas pessoas, a quem é negada esta dignidade, deve ser um apelo constante à nossa consciência.

93 Na Encíclica *Dilexit nos*, o Papa Francisco recordou que o pecado social assume a forma de uma "estrutura de pecado" na sociedade, fazendo frequentemente parte de uma "mentalidade dominante que considera normal ou racional o que não passa de egoísmo e indiferença. Esse fenômeno pode definir-se como alienação social" (DN, n. 183). Torna-se normal ignorar os pobres e viver como se eles não existissem. Apresenta-se como uma escolha razoável organizar a economia exigindo sacrifícios do povo, para atingir certos objetivos que interessam aos poderosos. Entretanto, para os pobres restam apenas promessas de "gotas" que cairão, até que uma nova crise global os conduza de volta à situação na qual estavam anteriormente. É uma verdadeira alienação que leva a encontrar apenas desculpas teóricas e não a tentar resolver hoje os problemas concretos daqueles que sofrem. Já o dizia São João Paulo II: "Alienada é a sociedade que, nas suas formas de organização social, de produção e de consumo, torna mais difícil a realização deste dom e a constituição dessa solidariedade inter-humana" (CA, n. 41).

94 Devemos empenhar-nos cada vez mais em resolver as causas estruturais da pobreza. É uma urgência que "não pode

esperar; e não apenas por uma exigência pragmática de obter resultados e ordenar a sociedade, mas também para curá-la de uma mazela que a torna frágil e indigna e que só poderá levá-la a novas crises. Os planos de assistência, que acorrem a determinadas emergências, deveriam considerar-se apenas como respostas provisórias" (EG, n. 202). A falta de equidade "é a raiz dos males sociais" (EG, n. 202). Com efeito, "muitas vezes constata-se que, de fato, os direitos humanos não são iguais para todos" (FT, n. 22).

95 Acontece que "no modelo 'do êxito' e 'individualista' em vigor, parece que não faz sentido investir para que os lentos, fracos ou menos dotados possam também singrar na vida" (EG, n. 209). A pergunta que reiteradamente surge é sempre a mesma: os menos dotados não são seres humanos? Os mais fracos não têm a nossa mesma dignidade? Aqueles que nasceram com menos possibilidades valem menos como seres humanos e devem limitar-se apenas a sobreviver? A resposta que damos a estas perguntas determina o valor das nossas sociedades e dela também depende o nosso futuro: ou reconquistamos a nossa dignidade moral e espiritual, ou caímos em uma espécie de poço de imundície. Se não pararmos para pensar as coisas seriamente, continuaremos, de forma explícita ou dissimulada, a "legitimar o modelo distributivo atual, no qual uma minoria se julga com o direito de consumir em uma proporção que seria impossível generalizar, porque o planeta não poderia sequer conter os resíduos de tal consumo" (LS, n. 50).

96 Entre as questões estruturais que não se pode imaginar conseguir resolver a partir de cima e que exigem ser tratadas o mais rapidamente possível, conta-se a dos lugares, espaços, casas e cidades onde os pobres vivem e caminham. Bem o sabemos: "Como são belas as cidades que superam a desconfiança doentia e integram os que são diferentes, fazendo dessa integração um novo fator de progresso! Como são encantadoras as cidades que, já no seu projeto arquitetônico, estão cheias de espaços que unem, relacionam, favorecem o reconhecimento do outro!" (EG, n. 210). Ao mesmo tempo, "não podemos deixar de considerar os efeitos

da degradação ambiental, do modelo atual de desenvolvimento e da cultura do descarte sobre a vida das pessoas" (LS, n. 43). Com efeito, "a deterioração do meio ambiente e a da sociedade afetam de modo especial os mais frágeis do planeta" (LS, n. 48).

97 Portanto, mesmo correndo o risco de parecer "estúpidos", é tarefa de todos os membros do Povo de Deus fazer ouvir, ainda que de maneiras diferentes, uma voz que desperte, denuncie e se exponha. As estruturas de injustiça devem ser reconhecidas e destruídas com a força do bem, por meio da mudança de mentalidades e também, com a ajuda da ciência e da técnica, mediante o desenvolvimento de políticas eficazes na transformação da sociedade. É preciso recordar sempre que a proposta do Evangelho não é apenas a de uma relação individual e íntima com o Senhor. Ela é mais ampla: "é o Reino de Deus (cf. Lc 4,43); trata-se de amar a Deus, que reina no mundo. Na medida em que Ele conseguir reinar entre nós, a vida social será um espaço de fraternidade, de justiça, de paz, de dignidade para todos. Por isso, tanto o anúncio como a experiência cristã tendem a provocar consequências sociais. Procuremos o seu Reino" (EG, n. 180).

98 Por fim, um documento, que inicialmente não foi bem recebido por todos, oferece-nos uma reflexão sempre atual: "É frequente dirigir aos defensores da 'ortodoxia' a acusação de passividade, de indulgência ou de cumplicidade culpáveis frente a situações intoleráveis de injustiça e de regimes políticos que mantêm essas situações. A conversão espiritual, a intensidade do amor a Deus e ao próximo, o zelo pela justiça e pela paz, o sentido evangélico dos pobres e da pobreza, são exigidos de todos, especialmente dos pastores e dos responsáveis. A preocupação pela pureza da fé não subsiste sem a preocupação de dar a resposta de um testemunho eficaz de serviço ao próximo e, em especial, ao pobre e ao oprimido, por meio de uma vida teologal integral".[7]

7. Congregação para a Doutrina da Fé, *Instrução sobre alguns aspectos da "Teologia da libertação"*, XI, 18.

Os pobres como sujeitos

99 Um dom fundamental para o caminho da Igreja universal é representado pelo discernimento da Conferência de Aparecida, na qual os bispos latino-americanos explicitaram que a opção preferencial pelos pobres por parte da Igreja "está implícita na fé cristológica naquele Deus que se fez pobre por nós, para enriquecer-nos com a sua pobreza" (DAp, n. 392).[8] No Documento, a missão é contextualizada na atual situação de um mundo globalizado, com os seus novos e dramáticos desequilíbrios (cf. DAp, n. 43-87), e, na Mensagem final, os bispos escrevem: "As agudas diferenças entre ricos e pobres nos convidam a trabalhar com maior empenho para ser discípulos que sabem partilhar a mesa da vida, mesa de todos os filhos e filhas do Pai, mesa aberta, inclusiva, na qual não falte ninguém. Por isso reafirmamos nossa opção preferencial e evangélica pelos pobres".[9]

100 Ao mesmo tempo, o *Documento*, ao aprofundar um tema já presente nas Conferências anteriores do Episcopado da América Latina, insiste na necessidade de considerar as comunidades marginalizadas como *sujeitos* capazes de criar cultura própria, mais do que como *objetos* de beneficência. Isso implica que tais comunidades têm o direito de viver o Evangelho, celebrar e comunicar a fé de acordo com os valores presentes nas suas culturas. A experiência da pobreza dá a eles a capacidade de reconhecer aspectos da realidade que outros não conseguem ver e, por isso, a sociedade precisa de as ouvir. O mesmo vale para a Igreja, que deve avaliar positivamente a maneira "popular" de elas viverem a fé. Um bonito trecho do *Documento final de Aparecida* ajuda-nos a refletir sobre esse ponto, a fim de encontrar a atitude correta: "Só a proximidade que nos faz amigos nos permite apreciar profundamente os valores dos pobres de hoje, seus

8. Cf. Bento XVI, *Discurso na sessão inaugural dos trabalhos da V Conferência Geral do Episcopado da América Latina e do Caribe*, 13 de maio de 2007, n. 3.

9. V Conferência Geral do Episcopado Latino-Americano e do Caribe, *Mensagem final*, n. 4.

legítimos desejos e seu modo próprio de viver a fé. [...] Dia a dia os pobres se fazem sujeitos da evangelização e da promoção humana integral: educam seus filhos na fé, vivem constante solidariedade entre parentes e vizinhos, procuram constantemente a Deus e dão vida ao peregrinar da Igreja. À luz do Evangelho, reconhecemos sua imensa dignidade e seu valor sagrado aos olhos de Cristo, pobre como eles e excluído como eles. A partir dessa experiência cristã, compartilharemos com eles a defesa de seus direitos" (DAp, n. 398).

101 Tudo isso pressupõe a presença de um aspecto na opção pelos pobres que devemos recordar constantemente: com efeito, tal opção exige de nós "uma atenção prestada ao outro [...]. Essa atenção amiga é o início de uma verdadeira preocupação pela sua pessoa e, a partir dela, desejo procurar efetivamente o seu bem. Isso implica apreciar o pobre na sua bondade própria, com o seu modo de ser, com a sua cultura, com a sua forma de viver a fé. O amor autêntico é sempre contemplativo, permitindo-nos servir o outro não por necessidade ou vaidade, mas porque ele é belo, independentemente da sua aparência [...]. Unicamente a partir dessa proximidade real e cordial é que podemos acompanhá-los adequadamente no seu caminho de libertação" (EG, n. 199). Por essa razão, dirijo um sincero agradecimento a todos aqueles que escolheram viver entre os pobres: àqueles que não só vão visitá-los de vez em quando, mas que vivem com eles e como eles. Esta é uma opção que deve encontrar lugar entre as formas mais elevadas da vida evangélica.

102 Nessa perspectiva, torna-se clara a necessidade de "que todos nos deixemos evangelizar" (EG, n. 198) pelos pobres e reconheçamos "a misteriosa sabedoria que Deus nos quer comunicar por meio deles" (EG, n. 198). Crescidos em extrema precariedade, aprendendo a sobreviver nas condições mais adversas, confiando em Deus com a certeza de que mais ninguém os leva a sério, ajudando-se mutuamente nos momentos mais sombrios, os pobres aprenderam muitas coisas que guardam no mistério dos seus corações. Aqueles dentre nós que não fizeram expe-

riências semelhantes, de viver à margem, certamente têm muito a receber da fonte de sabedoria que é a experiência dos pobres. Só comparando as nossas queixas com os seus sofrimentos e privações é possível receber uma repreensão que nos convida a simplificar a vida.

Capítulo V
Um permanente desafio

103 Escolhi recordar esta história bimilenar de atenção eclesial aos pobres e com os pobres para mostrar que ela é parte essencial do caminho ininterrupto da Igreja. O cuidado com os pobres faz parte da grande Tradição da Igreja, como um farol que, a partir do Evangelho, iluminou os corações e os passos dos cristãos de todos os tempos. Portanto, devemos sentir a urgência de convidar todos a entrar neste rio de luz e vida que provém do reconhecimento de Cristo no rosto dos necessitados e dos sofredores. O amor pelos pobres é um elemento essencial da história de Deus conosco e irrompe do próprio coração da Igreja como um apelo contínuo ao coração dos cristãos, tanto das suas comunidades como de cada um individualmente. Enquanto Corpo de Cristo, a Igreja sente como sua própria "carne" a vida dos pobres, que são parte privilegiada do povo a caminho. Por isso, o amor aos pobres — seja qual for a forma dessa pobreza — é a garantia evangélica de uma Igreja fiel ao coração de Deus. Efetivamente, toda a renovação eclesial sempre teve entre as suas prioridades essa atenção preferencial pelos pobres, que se diferencia, tanto nas motivações como no estilo, da atividade de qualquer outra organização humanitária.

104 O cristão não pode considerar os pobres apenas como um problema social: eles são uma "questão familiar". Pertencem "aos nossos". A relação com eles não pode ser reduzida a uma atividade ou departamento da Igreja. Como ensina a *Conferência de Aparecida*, "Solicita-se dedicarmos tempo aos pobres, prestar a eles amável atenção, escutá-los com interesse, acompanhá-los nos momentos difíceis, escolhê-los para compartilhar horas, semanas ou anos de nossa vida, e procurando, a partir deles, a transformação de sua situação. Não podemos esquecer que o próprio Jesus propôs isso com seu modo de agir e com suas palavras" (DAp, n. 397).

Novamente o Bom Samaritano

105 A cultura dominante do início deste milênio impele-nos a abandonar os pobres ao seu próprio destino, a não os considerar dignos de atenção e muito menos de apreço. Na Encíclica *Fratelli Tutti*, o Papa Francisco convida-nos a refletir sobre a Parábola do Bom Samaritano (cf. Lc 10,25-37), precisamente para aprofundar este ponto. Na parábola, vemos que, diante daquele homem ferido e abandonado à beira do caminho, os que passam têm atitudes diferentes. Apenas o Bom Samaritano cuida dele. Então, volta a pergunta que interpela cada um de nós: "Com quem você se identifica? É uma pergunta sem rodeios, direta e determinante: a qual deles você se assemelha? Precisamos reconhecer a tentação que nos cerca de nos desinteressar pelos outros, especialmente pelos mais frágeis. Dizemos que crescemos em muitos aspectos, mas somos analfabetos em acompanhar, cuidar e sustentar os mais frágeis e vulneráveis das nossas sociedades desenvolvidas. Habituamo-nos a olhar para o outro lado, a passar à margem, a ignorar as situações até elas nos caírem diretamente em cima" (FT, n. 64).

106 Faz-nos muito bem descobrir que a história do Bom Samaritano se repete também hoje. Recordemos uma situação dos nossos dias: "Quando encontro uma pessoa a dormir ao relento, em uma noite fria, posso sentir que esse vulto seja um imprevisto que me detém, um delinquente ocioso, um obstáculo no meu caminho, um aguilhão molesto para a minha consciência, um problema que os políticos devem resolver e talvez até um monte de lixo que suja o espaço público. Ou então posso reagir a partir da fé e da caridade e reconhecer nele um ser humano com a mesma dignidade que eu, uma criatura infinitamente amada pelo

Pai, uma imagem de Deus, um irmão redimido por Jesus Cristo. Isso é ser cristão! Ou se poderá porventura entender a santidade prescindindo deste reconhecimento vivo da dignidade de todo o ser humano?" (GeE, n. 98). O que fez o Bom Samaritano?

107 A pergunta torna-se urgente porque nos ajuda a perceber uma grave lacuna nas nossas sociedades e também nas nossas comunidades cristãs. A verdade é que muitas formas de indiferença que encontramos hoje em dia "são sinais de um estilo de vida generalizado, que se manifesta de várias maneiras, porventura mais sutis. Além disso, como estamos todos muito concentrados nas nossas necessidades, ver alguém que está mal incomoda-nos, perturba-nos, porque não queremos perder tempo por culpa dos problemas alheios. São sintomas de uma sociedade enferma, pois procura construir-se de costas para o sofrimento. É melhor não cair nessa miséria. Olhemos para o modelo do Bom Samaritano" (FT, n. 65-66). As palavras finais da parábola evangélica — "Vai e faze o mesmo" (Lc 10,37) — são um mandato que um cristão deve ouvir ressoar todos os dias no seu coração.

Um desafio inadiável para a Igreja de hoje

108 Em uma época particularmente difícil para a Igreja de Roma, quando as instituições imperiais estavam ruindo sob a pressão dos bárbaros, o Papa São Gregório Magno advertiu assim os seus fiéis: "Todos os dias podemos encontrar Lázaro, se o procuramos, e todos os dias nos deparamos com ele, mesmo sem o procurar. Eis que os pobres, que se apresentam de forma insistente, a fazer-nos pedidos, poderão um dia interceder por nós. [...] Não desperdiceis, portanto, as oportunidades de agir com misericórdia e não negligencieis os remédios que recebestes".[1] Ele desafiava corajosamente os preconceitos disseminados contra os pobres, como aquele que os considerava responsáveis pela sua própria miséria: "Quando virdes os pobres a fazer algo repreensível, não os despre-

1. São Gregório Magno, *Homilia* 40, 10 (*Sources Chrétiennes* 522, 552.554).

zeis nem desconfieis deles, pois a frágua da pobreza talvez esteja purificando o que eles fazem contraindo culpas, mesmo que muito leves".[2] Com frequência, o bem-estar torna-nos cegos, a ponto de pensarmos que a nossa felicidade só pode ser alcançada se conseguirmos viver sem os outros. Nesse sentido, os pobres podem ser para nós como mestres silenciosos, reconduzindo o nosso orgulho e a nossa arrogância a uma conveniente humildade.

109 Se é verdade que os pobres são sustentados por aqueles que têm meios econômicos, certamente também é possível afirmar o contrário. Essa é uma experiência surpreendente, testemunhada pela Tradição cristã, e que se torna uma verdadeira reviravolta na nossa vida pessoal, quando percebemos que são precisamente os pobres que nos evangelizam. De que modo? No silêncio da sua condição, eles nos colocam diante da nossa fraqueza. O idoso, por exemplo, com a fragilidade do seu corpo, lembra-nos da nossa vulnerabilidade, ainda que a tentemos esconder por trás do bem-estar ou das aparências. Além disso, os pobres nos fazem refletir sobre a inconsistência daquele orgulho agressivo com que muitas vezes enfrentamos as dificuldades da vida. Em suma, eles revelam a nossa precariedade e o vazio de uma vida aparentemente protegida e segura. A esse respeito, ouçamos novamente São Gregório Magno: "Ninguém, portanto, se sinta seguro dizendo: 'eu não roubo os outros, mas usufruo apenas dos bens recebidos licitamente', pois o rico epulão não foi punido porque quis para si os bens alheios, mas por se ter descuidado de si mesmo depois de ter recebido tantas riquezas. A sua condenação ao inferno foi determinada porque, na felicidade, não conservou o sentimento do temor, tornou-se arrogante pelos dons recebidos e não teve qualquer sentimento de compaixão".[3]

110 Para nós, cristãos, a questão dos pobres remete-nos à essência da nossa fé. A opção preferencial pelos pobres, ou seja, o amor que a Igreja tem por eles, como ensinava São João

2. São Gregório Magno, *Homilia* 40, 6 (*Sources Chrétiennes* 522, 546).
3. São Gregório Magno, *Homilia* 40, 3 (*Sources Chrétiennes* 522, 536).

Paulo II, "é decisivo e pertence à sua constante tradição, impele-a a dirigir-se ao mundo no qual, apesar do progresso técnico-econômico, a pobreza ameaça assumir formas gigantescas" (CA, n. 57). A realidade é que, para os cristãos, os pobres não são uma categoria sociológica, mas a própria carne de Cristo. Com efeito, não basta limitar-se a enunciar de modo genérico a doutrina da Encarnação de Deus. Para entrar verdadeiramente neste Mistério, é preciso especificar que o Senhor se faz carne que tem fome e sede, que está doente e na prisão. "A Igreja pobre para os pobres começa pelo dirigir-se à carne de Cristo. Se nos fixarmos na carne de Cristo, começamos a compreender qualquer coisa, a compreender o que é esta pobreza, a pobreza do Senhor. E isso não é fácil!".[4]

111 O coração da Igreja, por sua própria natureza, é solidário com os pobres, excluídos e marginalizados, com todos aqueles que são considerados "descartáveis" pela sociedade. Os pobres ocupam um lugar central na Igreja, porque "deriva da nossa fé em Cristo, que se fez pobre e sempre se aproximou dos pobres e marginalizados, a preocupação pelo desenvolvimento integral dos mais abandonados da sociedade" (EG, n. 186). No coração de cada fiel, encontra-se "a exigência de ouvir esse clamor [que] deriva da própria obra libertadora da graça em cada um de nós, pelo que não se trata de uma missão reservada apenas a alguns" (EG, n. 188).

112 Por vezes, em alguns movimentos ou grupos cristãos, nota-se a falta ou mesmo a ausência de compromisso pelo bem comum da sociedade e, em particular, pela defesa e promoção dos mais fracos e desfavorecidos. A esse respeito, é preciso recordar que a religião, especialmente a cristã, não pode ser confinada à esfera privada, como se os fiéis não devessem interessar-se também pelos problemas relacionados com a sociedade civil e pelos acontecimentos que dizem respeito aos cidadãos (cf. EG, n. 182-183).

113 Na realidade, "qualquer comunidade da Igreja, na medida em que pretender subsistir tranquila sem se ocupar

4. Francisco, *Vigília de Pentecostes com os movimentos eclesiais*, 18 de maio de 2013.

criativamente nem cooperar de forma eficaz para que os pobres vivam com dignidade e haja a inclusão de todos, correrá também o risco da sua dissolução, mesmo que fale de temas sociais ou critique os governos. Facilmente acabará submersa pelo mundanismo espiritual, dissimulado em práticas religiosas, reuniões infecundas ou discursos vazios" (EG, n. 207).

114 Não estamos falando apenas da assistência e do necessário compromisso com a justiça. Os fiéis devem responder também por uma outra forma de incoerência em relação aos pobres. Na verdade, "a pior discriminação que sofrem os pobres é a falta de cuidado espiritual [...]. A opção preferencial pelos pobres deve traduzir-se, principalmente, em uma solicitude religiosa privilegiada e prioritária" (EG, n. 200). Todavia, tal atenção espiritual aos pobres é posta em causa por certos preconceitos, mesmo por parte de cristãos, porque nos sentimos mais à vontade sem os pobres. Há quem continue dizendo: "O nosso dever é rezar e ensinar a verdadeira doutrina". Mas, desvinculando esse aspecto religioso da promoção integral, acrescentam que só o Governo deveria cuidar deles, ou que seria melhor deixá-los na miséria e ensinar-lhes antes a trabalhar. Além disso, assumem-se, às vezes, critérios pseudocientíficos para dizer que a liberdade do mercado levará naturalmente à solução do problema da pobreza. Ou ainda, opta-se por uma pastoral das ditas elites, defendendo-se que, em vez de perder tempo com os pobres, é melhor cuidar dos ricos, dos poderosos e dos profissionais, para que, por meio deles, seja possível alcançar soluções mais eficazes. É fácil perceber a mundanidade que se esconde por trás dessas opiniões: elas nos levam a olhar para a realidade com critérios superficiais e desprovidos de qualquer luz sobrenatural, privilegiando relações que nos tranquilizam e buscando privilégios que nos favorecem.

Doar ainda hoje

115 Convém dizer uma última palavra sobre a esmola, que hoje não goza de boa fama, frequentemente nem

mesmo entre os cristãos. Não só é raramente praticada, como às vezes é até desprezada. Por um lado, reafirmo que o auxílio mais importante para uma pessoa pobre é ajudá-la a ter um bom trabalho, para que possa ter uma vida mais condizente com a sua dignidade, desenvolvendo as suas capacidades e oferecendo o seu esforço pessoal. O certo é que "a falta de trabalho é muito mais do que a falta de uma fonte de renda para poder viver. O trabalho é isto, mas é também muito mais. Ao trabalhar, tornamo-nos mais pessoas, a nossa humanidade floresce; os jovens só se tornam adultos quando trabalham. A Doutrina Social da Igreja considera o trabalho humano como participação na criação que continua todos os dias, inclusive graças às mãos, à mente e ao coração dos trabalhadores".[5] Por outro lado, se ainda não existe essa possibilidade concreta, não devemos correr o risco de deixar uma pessoa abandonada à própria sorte, sem o indispensável para viver dignamente. Assim, a esmola continua a ser um momento necessário de contato, encontro e identificação com a condição do outro.

116 Para quem ama verdadeiramente, é evidente que a esmola não isenta as autoridades competentes das suas responsabilidades, nem elimina o empenho organizativo das instituições, muito menos substitui a legítima luta pela justiça. Ela convida, porém, a parar e a olhar nos olhos a pessoa pobre, tocando-a e partilhando com ela algo do que se tem. Em todo o caso, a esmola, mesmo que pequena, infunde *pietas* em uma vida social em que todos se preocupam com o seu próprio interesse pessoal. Diz o *Livro dos Provérbios*: "Quem é generoso será abençoado, pois repartiu seu pão com o pobre" (Pr 22,9).

117 Tanto o Antigo como o Novo Testamento contêm verdadeiros hinos à esmola: "Apesar de tudo, sê magnânimo com o humilhado e não o faças esperar pela esmola. [...] Encerra a tua esmola no coração do pobre, e ela rogará por ti, para te livrar de todo mal" (Sr 29,11.15). E Jesus retoma este ensinamento:

5. Francisco, *Discurso por ocasião do encontro com o mundo do trabalho*, 27 de maio de 2017.

"Vendei vossos bens e dai esmola. Fazei para vós bolsas que não se estraguem, um tesouro no céu que nunca se acabe" (Lc 12,33).

118 A São João Crisóstomo atribuía-se a seguinte exortação: "A esmola é a asa da oração. Se não acrescentares uma asa à tua oração, ela mal poderá voar".[6] E São Gregório de Nazianzo concluía uma das suas famosas orações com estas palavras: "Se, portanto, me ouvirdes enquanto é tempo, ó servos de Cristo, irmãos e coerdeiros, visitemos Cristo, cuidemos de Cristo, alimentemos Cristo, vistamos Cristo, acolhamos Cristo, honremos Cristo: não apenas com uma refeição, como alguns; não apenas com perfumes, como Maria; não apenas com um túmulo, como José de Arimateia; não apenas com os ritos para a sepultura, como Nicodemos, que amava Cristo apenas pela metade; não apenas com ouro, incenso e mirra, como os Magos; mas, visto que o Senhor quer misericórdia e não sacrifício, [...] ofereçamos esta aos pobres, para que, quando partirmos deste mundo, sejamos acolhidos por eles nos templos eternos".[7]

119 O amor e as convicções mais profundas devem ser alimentados, e isso se faz com gestos. Permanecer no mundo das ideias e das discussões, sem gestos pessoais, frequentes e sinceros, será a ruína dos nossos sonhos mais preciosos. Por essa simples razão, como cristãos, não renunciamos à esmola. Um gesto que pode ser feito de várias maneiras, e podemos tentar fazer de forma mais eficaz, mas que deve ser feito. E será sempre melhor fazer alguma coisa do que não fazer nada. Em todo o caso, tocar-nos-á o coração. Não será a solução para a pobreza no mundo, que deve ser procurada com inteligência, tenacidade e compromisso social. Mas precisamos de praticar a esmola para tocar a carne sofredora dos pobres.

120 O amor cristão supera todas as barreiras, aproxima os que estão distantes, une os estranhos, torna familiares os inimigos, atravessa abismos humanamente insuperáveis, entra

6. Pseudocrisóstomo, *Homilia de jejunio et eleemosyna* (*Patrologia Graeca* 48, 1060).
7. São Gregório Nazianzeno, *Oratio XIV*, 40 (*Patrologia Graeca* 35, 910).

nos meandros mais recônditos da sociedade. Por sua natureza, o amor cristão é profético, realiza milagres, não tem limites: é para o impossível. O amor é sobretudo uma forma de conceber a vida, um modo de a viver. Assim, uma Igreja que não coloca limites ao amor, que não conhece inimigos a combater, mas apenas homens e mulheres a amar, é a Igreja de que o mundo hoje precisa.

121 Quer pelo vosso trabalho, quer pelo vosso empenho em mudar as estruturas sociais injustas, quer por aquele gesto de ajuda simples, muito pessoal e próximo, será possível que aquele pobre sinta serem para ele as palavras de Jesus: "Eu te amei" (Ap 3,9).

Dado em Roma, junto de São Pedro, a 4 de outubro — Memória litúrgica de São Francisco de Assis — do ano 2025, primeiro do meu Pontificado.

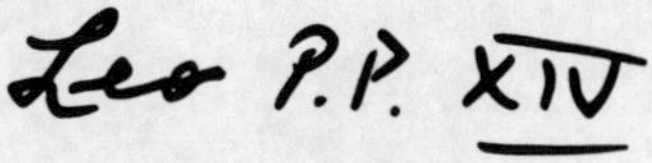

Leo PP. XIV

Referências

Bento XVI. *Catequese na Audiência Geral.* (Audiências). Vaticano, 21 de outubro de 2009.

Bento XVI. *Carta Encíclica **Caritas in Veritate***: sobre o desenvolvimento humano integral na caridade e na verdade. (Documentos Pontifícios, 3). Brasília: Edições CNBB, 2009.

Bergoglio, J.; Skorka, A. *Sobre el cielo y la tierra*. Buenos Aires: [*s. n.*], 2013.

CELAM. *Documento de Aparecida*: Documento Conclusivo da V Conferência Geral do Episcopado Latino-Americano e do Caribe. Brasília-São Paulo: Edições CNBB-Paulus-Paulinas, 2008.

CELAM. *Documento de Medellín*: Documento Conclusivo da II Conferência Geral do Episcopado Latino-Americano e do Caribe, Medellín, Colômbia, 1968.

Concílio Vaticano II. Constituição Dogmática *Lumen Gentium*: sobre a Igreja. *In*: *Concílio Ecumênico Vaticano II*: Documentos. Brasília: Edições CNBB, 2018, p. 75-173.

Concílio Vaticano II. Constituição *Gaudium et Spes*: sobre a Igreja no mundo de hoje. *In*: *Concílio Ecumênico Vaticano II*: Documentos. Brasília: Edições CNBB, 2018, p. 199-329.

Conselho das Comunidades Europeias. Decisão (85/8/CEE) relativa a uma ação comunitária específica de luta contra a pobreza. *In*: *Jornal Oficial das Comunidades Europeias*, [*s. l.*], n. L 2/24, 1984.

Constituições da Ordem dos Mercedários. *In*: Orden de la Bienaventurada Virgen María de las Mercedes. *Regla y Constituciones*. Roma: [*s. n.*], 2014, 53.

Francisco. *Carta Encíclica **Dilexit nos***: sobre o amor humano e divino do Coração de Jesus. (Documentos Pontifícios, 64). Brasília: Edições CNBB, 2024.

Francisco. *Carta Encíclica **Fratelli Tutti***: sobre a fraternidade e a amizade social. (Documentos Pontifícios, 44). Brasília: Edições CNBB, 2020.

Francisco. *Carta Encíclica **Laudato Si'***: sobre o cuidado da Casa Comum. (Documentos Pontifícios, 22). Brasília: Edições CNBB, 2016.

Francisco. *Discurso aos participantes no 3º Encontro Mundial dos Movimentos Populares*. (Discursos). Vaticano, 5 de novembro de 2016.

Francisco. *Discurso aos participantes no Capítulo Geral do Instituto de Caridade – Rosminianos*. (Discursos). Vaticano, 1º de outubro de 2018.

Francisco. *Discurso aos participantes no Encontro Mundial dos Movimentos Populares*. (Discursos). Vaticano, 28 de outubro de 2014.

Francisco. *Discurso comemorativo por ocasião da visita ao túmulo do padre Lorenzo Milani*. (Discursos). Barbiana, 20 de junho de 2017.

Francisco. *Discurso por ocasião do encontro com o mundo do trabalho*. (Discursos). Gênova, 27 de maio de 2017.

Francisco. *Discurso por ocasião do encontro com os representantes dos meios de comunicação social*. (Discursos). Vaticano, 16 de março de 2013.

Francisco. *Exortação Apostólica **Evangelii Gaudium***: sobre o anúncio do Evangelho no mundo atual. (Documentos Pontifícios, 17). 2. ed. Brasília: Edições CNBB, 2025.

Francisco. *Exortação Apostólica **Gaudete et Exsultate***: sobre o chamado à santidade no mundo atual. (Documentos Pontifícios, 33). 3. ed. Brasília: Edições CNBB, 2019.

Francisco. *Exortação Apostólica Pós-Sinodal **Christus Vivit***: para os jovens e para todo o Povo de Deus. (Documentos Pontifícios, 37). Brasília: Edições CNBB, 2019.

Francisco. *Homilia na Santa Missa de Canonização*. (Homilias). Vaticano, 13 de outubro de 2019.

Francisco. *Homilia na Santa Missa de Canonização*. (Homilias). Vaticano, 9 de outubro de 2022.

Francisco. *Mensagem para a celebração do 48º Dia Mundial da Paz*. (Mensagens). Vaticano, 8 de dezembro de 2014.

Francisco. *Mensagem para o 30º Dia Mundial do Doente*. (Mensagens). Roma, 11 de fevereiro de 2022.

Francisco. *Mensagem para o 100º Dia Mundial do Migrante e do Refugiado*. (Mensagens). Vaticano, 5 de agosto de 2013.

Francisco. *Mensagem para o 105º Dia Mundial do Migrante e do Refugiado*. (Mensagens). Vaticano, 27 de maio de 2019.

Francisco. *Mensagem para o 5º Dia Mundial dos Pobres*. (Mensagens). Roma, 14 de novembro de 2021.

Francisco. *Vigília de Pentecostes com os movimentos eclesiais*. (Discursos). Vaticano, 18 de maio de 2013.

Francisco. *Visita a Verona: O Santo Padre saúda os agentes penitenciários, os detentos e os voluntários*. (Discursos). Verona, 18 de maio de 2024.

Inocêncio III. Bula *Operante divinae dispositionis*: Regra primitiva dos Trinitários. *In*: Aurrecoechea, J. L.; Moldón, A. (ed.). *Fuentes históricas de la Orden Trinitaria (s. XII-XV)*. Córdoba: [*s. n.*], 2003.

Istituto per le Scienze Religiose (ed.). *Per la forza dello Spirito*: Discorsi conciliari del Card. Giacomo Lercaro. Bolonha: [*s. n.*], 1984.

Paglia, V. *Storia della povertà*. Milão: [*s. n.*], 2014.

Pio XII. *Breve Apostólico* ***Superiore Iam Aetate***: com o qual Santa Francisca Xavier Cabrini é proclamada "Padroeira dos migrantes". Castel Gandolfo, 8 de setembro de 1950.

Sagrada Congregação para a Doutrina da Fé. *Instrução sobre alguns aspectos da "Teologia da libertação"*. Roma, 6 de agosto de 1984.

Santa Luísa de Marillac. Carta às Irmãs Claude Carré e Marie Gaudoin. *In*: Charpy, É. (ed.). *Sainte Louise de Marillac*: Écrits. Paris: [*s. n.*], 1983, 576.

Santa Teresa de Calcutá. Discurso de aceitação do Prêmio Nobel da Paz. *In*: Santa Teresa de Calcutá. *Aimer jusqu'à en avoir mal*. Lião: [*s. n.*], 2017, 19-20.

São Camilo de Lélis. Regras da Companhia dos Servos dos Enfermos. *In*: Vanti, M. (ed.). *Scritti di San Camillo de Lellis*. Milão: [*s. n.*], 1965, 67.

São João Batista da Conceição. El recogimiento interior. *In*: Biblioteca de Autores Cristianos. *Maior*. Madri: BAC Editorial, 1995, n. 48, 689.

São João Batista da Conceição. La regla de la Orden de la Santísima Trinidad. *In*: Biblioteca de Autores Cristianos. *Maior*. Madri: BAC Editorial, 1999, n. 60, 90.

São João Paulo II. *Amor preferencial pelos pobres*: Audiência. (Audiências). Vaticano, 27 de outubro de 1999.

São João Paulo II. *Carta Apostólica* ***Iuvenum Patris***: no centenário do nascimento de São João Bosco. (Cartas Apostólicas) Roma, 31 de janeiro de 1988.

São João Paulo II. *Carta Apostólica* ***Novo Millennio Ineunte***: no termo do grande Jubileu do ano 2000. (Cartas Apostólicas). Vaticano, 6 de janeiro de 2001.

São João Paulo II. *Carta Encíclica* ***Centesimus Annus***: no centenário da *Rerum Novarum*. (Encíclicas). Roma, 1º de setembro de 1991.

São João Paulo II. *Carta Encíclica* ***Laborem Exercens***: sobre o trabalho humano. (Encíclicas). Castel Gandolfo, 14 de setembro de 1981.

São João Paulo II. *Carta Encíclica* ***Sollicitudo Rei Socialis***: pelo vigésimo aniversário da Encíclica *Populorum Progressio*. (Encíclicas). Roma, 30 de dezembro de 1987.

São João Paulo II. *Discurso aos participantes no 44º Capítulo Geral dos Padres das Escolas Pias*. (Discursos). Vaticano, 5 de junho de 1997.

São João Paulo II. *Discurso aos peregrinos vindos a Roma para a Beatificação de Madre Teresa de Calcutá*. (Discursos). Vaticano, 20 de outubro de 2003.

São João Paulo II. *Homilia na Santa Missa de Canonização*. (Homilias). Vaticano, 18 de abril de 1999.

São João Paulo II. *Mensagem à Congregação das Missionárias do Sagrado Coração*. (Discursos). Vaticano, 31 de maio de 2000.

São João XXIII. *Radiomensagem a todos os fiéis do mundo a um mês da abertura do Concílio Ecumênico Vaticano II*. (Mensagens Pontifícias). Vaticano, 11 de setembro de 1962.

São Paulo VI. *Catequese na Audiência Geral*. (Audiências). Vaticano, 11 de novembro de 1964.

São Paulo VI. *Carta Encíclica* ***Populorum Progressio***: sobre o desenvolvimento dos povos. (Encíclicas). Roma, 26 de março de 1967.

São Paulo VI. *Discurso na solene inauguração da II sessão do Concílio Ecumênico Vaticano II*. (Discursos). Vaticano, 29 de setembro de 1963.

São Paulo VI. *Discurso na última sessão pública do Concílio Vaticano II*. (Discursos). Vaticano, 7 de dezembro de 1965.

Tugwell, S. (ed.). *Early Dominicans*: Selected Writings. Mahwah: [*s. n.*], 1982.

Edições Loyola

editoração impressão acabamento

Rua 1822 nº 341 – Ipiranga
04216-000 São Paulo, SP
T 55 11 3385 8500/8501, 2063 4275
www.loyola.com.br